Felix Heine

# *Weiß noch nicht*

*Geschrieben für S.*

# Inhaltsverzeichnis

**Bibliografische Information der
Deutschen Nationalbibliothek**

Die Deutsche Nationalbibliothek verzeichnet diese
Publikation in der Deutschen Nationalbibliografie;
detaillierte bibliografische Daten sind im Internet über
http://dnb.d-nb.de
abrufbar.

Herstellung und Verlag:
Books on Demand GmbH, Norderstedt

ISBN: 9783837068955

**Statt eines Vorworts**

Jeweils das Richtige zu ermitteln ist schwierig. Das Ergebnis dieser Ermittlung mit anderen teilen zu können, erscheint als zugleich dringlich und mühevoll. Es wird so zur Aufgabe.

Im Durcheinander derer, die hierbei mitreden, sind Ich und Du und Müllers Kuh und zugleich alle anderen mit dabei: ErSieEsWirIhrSie.

Jede dieser Stimmen spricht für sich, einige davon auch für mich. Das Bedürfnis, diese Äußerungen zusammenzutragen und ihnen gemeinsam Raum zu geben, ist Anlass der folgenden Seiten.

Die Einheit der Perspektive, die unserem Alltag zu Grunde zu liegen scheint, muss dabei aufgegeben werden zugunsten des gleichgewichtigen Neben- wie Auseinanders der Blickrichtungen, der Töne und der Worte.

Die Bewegung der Subjektivität, die aus sich heraus Gewissheit sucht, entwirft dabei zugleich die Form der Darstellung: eine imaginäre Mitte in wechselnden Radien verlassend und wieder findend, stellt sie ein Zentrum vor, das keines ist, geht aus sich heraus und bleibt doch bei sich.

Variationen über ein Thema eben, das sich am Ende zeigt als durch eben diese definiert.

Einwürfe, Erinnerungen, Obsessionen reden dabei durcheinander und nehmen sich wichtig. Ruhe im Chaos wäre schön: eine minimale Chance auf Übersichtlichkeit. Doch die wird nur vernehmbar aus dem Klang des Ganzen.

Eine Ordnung der Dinge liegt nicht auf der Hand, sie ist nicht einfach aufzufinden wie ein Fahrplan, liegt nicht auf der Hand wie die Schwerkraft. Sie ist Konstrukt und muss sich insofern immer erst legitimieren als eine, die nicht nur für den Konstrukteur gilt. Sie versucht, Erinnerung zu strukturieren und Erwartungen wie Befürchtungen in ein überschaubares Nach- wie Nebeneinander zu verknüpfen.

Gegen dies Unterfangen zwingen sich Widersprüche in immer neu aufbrechender Gegenrede zurück in ihr Recht, regelwidrige Einwürfe, die durch Logik und Grammatik ausgeschlossen schienen. Denn das Unpassende bleibt immer mittendrin und passt nirgends hinein. Ordnung als Ausgrenzung kann das Ausgegrenzte nicht missen.

Anrufungen, Sarkasmen und das ungeschützte Spiel mit Worten sind Wegmarken eines Versuchs, mit Mitteln des diskursiven Denkens dessen Möglichkeiten noch einmal aufscheinen zu lassen als das möglicherweise einzige Potential, uns mit der Welt, wie wir sie vorfanden, nicht abfinden zu müssen.

Der immer wiederkehrende Rückgriff auf Erfahrungen mit der Sprache und Kultur des vormals christlichen Abendlandes soll deutlich machen, wie vieles verschüttet wurde und zugleich noch unabgegolten ist, wie viel in dieser als uneingelöstes Versprechen liegt und wie disparat zugleich diese Traditionslinien sind.

Deshalb auch bleibt dieser vielstimmige Chor der Ein- und Widerreden für sich selbst oft unzulänglich, denn es fehlt ihm der Fluchtpunkt, der Perspektiven zuordnet. Und er weiß um eben dies, beklagt zugleich seine eigene Distanzlosigkeit und weiß um eben deren Notwendigkeit.

Alte Fragen also, und wenig Aussicht auf neue Antworten. Das Nachfolgende ist so ein Experiment mit einigen Leitbegriffen, Permutationen und Spielereien. Es kann keine Lösungen anbieten. Es kann nur versuchen, einmal mehr gegen diese Unmöglichkeit anzugehen.

Dies Spiel der Begriffe ist nicht absichtslos, aber zweckfrei – Variationen über ein Thema eben. Es wird keine Geschichte erzählt werden, in der sich ein Element  mehr oder weniger zwangsläufig aus dem anderen entwickelt, sondern es deuten sich immer wieder andere Facetten eines gleich bleibenden Themas an. Im Nacheinander ähnlicher Motive zeigt sich, dass auch das Ausgangsthema sich selbst im Laufe seiner Veränderung verliert – Veränderung wird so thematisiert als eine, der auf der Suche nach sich selbst zunehmend das ihr zugrunde Liegende abhanden kommt.

Doch neben dem Bemühen um Wissen, um gültige Gründe und Gegengründe entwickelte im westlichen Kulturraum noch Anderes Gültigkeit, das nicht mit der Schlüssigkeit diskursiver Logik argumentiert.

So bleibt zum Beispiel Musik meist machtlos, kann aber das Richtige aufscheinen lassen. Sie gibt deshalb den Ton für die nachfolgenden Überlegungen an.

> Der Refrain eines alten Liedes klingt an:
> „Trotz alledem…!"

Die Form der Darstellung orientiert sich an der Abfolge eines musikalischen Themas und seiner Variationen, immer wieder unterbrochen, bestätigt oder in Frage gestellt durch Einwürfe von außen. In der Mitte der Seiten sind Verweise auf die jeweils thematisierten Bruchstücke der Tradition eingerückt.

Das Ende des Textes markieren einige (frei nach Jean Paul) Frucht- und Dornenstücke, die als Lesefrüchte und Reflexionsstachel weiter wirken und den Prozess der begründeten Unzufriedenheit weitertreiben könnten.

**Introduzione:**
Grave

Neben den unzähligen Fragen, die für die meisten Menschen brennender sind, stellt sich eine besonders alte Frage immer wieder mit Beharrlichkeit: die nach der Wahrheit. Ohne sie gestellt zu haben, sind alle Versuche, sich mitzuteilen, bodenlos.

Auch mögliche Antworten führen in Schwierigkeiten, vielfach in die Irre und ins Ausweglose. Trotzdem versuchen wir immer wieder, Antwort zu geben.

Jede vereinzelt bleibende Antwort ist falsch.

Schon weil Wahrheit immer meine sein muss und zugleich die jedes anderen, ist sie nicht in der Einzahl zu haben.

Die Berufung auf gemeinsame, als unbezweifelbar geltende Gewissheiten und daraus sich zwingend ergebende Ableitungen bestimmt den Kreis möglicher Wahrheit. Aber das reicht eben nicht, weil es so wenige Gemeinsamkeiten gibt.

Eine andere Form von Wahrheit jedoch scheint nicht verfügbar, solange jeder sein unbezweifelt Richtiges für sich hat und auch haben können muss. (Letzteres übrigens ist schwer zu bezweifeln und zugleich spürbar unbefriedigend)

Denn im Mittelpunkt stehen unsere eigenen Bedürfnisse und dulden keinen Widerspruch Sie verlangen nach Nahrung, Fortpflanzung. Sicherheit. Oder, daraus abgeleitet, nach Anerkennung, Ruhm und Geld. Selbst wenn Schönheit, Gerechtigkeit, das Gute oder gänzlich

Anderes gesucht werden, sprechen doch alle diese Bedürfnisse nur für sich.

So auch das merkwürdige Bedürfnis nach Wahrheit, nach dem, was unwidersprochen bleiben muss.

> Bleibt Wahrheit „die Art von Irrtum, ohne welche eine bestimmte Art von lebendigen Wesen nicht leben könnte"?

Ist sie das Ergebnis des Entschlusses zur Verbindlichkeit, weil wir gemeinsam Gültiges brauchen, allein nicht überleben können?

Verbindlichkeit ist ja in vielerlei Hinsicht zu verstehen: sie verknüpft uns, die Menschen, miteinander, bindet uns aneinander; sie verpflichtet uns und manchmal hilft sie auch, erhaltene Wunden zu bedecken.

Wenn Wahrheit denn mein Eigenes und das aller anderen verbindend abbildet und zugleich sicherzustellen verspricht, ist sie eine Chance. Ob es sie in dieser Form überhaupt geben kann, ist eine andere Frage: die Wirklichkeit der Wahrheit kann nicht als ohne weiteres gesichert gelten.

Ist sie aber so ungesichert, wären wir immer nur auf uns allein verwiesen, auf unser kurzes Sauerstoffatmen, auf die Verstoffwechslung von Welt, verbunden mit der Reproduktion unseres Genmaterials. Wir könnten prinzipiell nicht mehr zwischen unseren Wahrheiten, Irrtümern und unseren Lügen unterscheiden.

Begriffe wie Irrtum und Lüge verlören als mögliche Kategorien unseres Miteinanders (und damit auch unserer Selbstverständigung) ihren Anspruch, wenn noch das Unwahrste mein Richtiges sein kann und das Recht darauf unverzichtbar meines ist.

Ich darf irren wollen, ich möchte, dass auch meine Vorurteile geehrt werden. Und bin doch immer wieder im Zwiespalt, weil mein möglicherweise Unwahr-Richtiges sich selbst nicht aufgeben mag, weil Mutter Evolution nach mehr ruft. Auch sie kann irren, wenn denn Wahrheit und Irrtum ihren Geltungsanspruch nicht ausschließlich aus dem Netz evolutiv geprägter Lernprozesse herleiten.

Solange die Veränderung unser aller Lebensverhältnisse Not tut, können wir uns Irrwege auch der sozialen und kulturellen Evolution nicht leisten. Wir brauchen das Richtige und das Wahre, obwohl wir es nicht benötigen.

Am Ende holt die Entropie uns alle - aber die Musik spielt vorher.

Wenn Menschen nicht geboren werden, um glücklich zu sein, sondern um sich zweckfrei fortzupflanzen und damit zugleich ihre Gene zu reproduzieren, so hat sich möglicherweise die Evolution mit einer Fehlleistung düpiert. Reproduktion ist auf den Motor des Wohlbefindens angewiesen, der am Ende die Reproduktion selbst auszubremsen vermag.

> Evolutionstheorie und Neurobiologie erklären unser Verhalten mit Methoden der Mathematik und Physik, die Modellcharakter haben und deshalb heuristischen Wert besitzen.

> Sie machen es unmöglich, z. B. Verbindlichkeit zu denken, solange nicht soziale und kulturelle Evolution als prägende Elemente mitverstanden werden.

> Zufälliges, nicht Vorhersagbares macht die Einflüsse aus, denen unser Leben unterliegt und denen wir uns durch Lernen anpassen.

Westliche, neuzeiterfahrene Wissenschaft argumentiert vorwiegend im Rückgriff auf die bedingte Möglichkeit von Wahrheit, das heißt mit dem Anspruch auf die Gültigkeit gemeinsam anerkannter

Grundsätze. Sie weiß um deren Vorläufigkeit, auch um ihren eigenen Spielcharakter. Deshalb kann der Anspruch auf Glück nicht von der Wissenschaft abgesichert werden, ist unabgeltbar, selbst mit den Mitteln der Evolutionstheorie nicht einzuholen, denn Ursprung und Geltung von Ansprüchen gehen für uns nicht ineins.

Wenn das Richtige als das Zureichende zu verstehen wäre und das Wahre als das Angemessene: warum bekomme ich weder das Eine noch das Andere? Weil mir nichts zureicht und ich maßlos bin? Wer misst das Maß?

Gibt die Wahrheit ihren Anspruch auf unbedingte Allgemeingültigkeit auf, gibt sie zu guten Teilen sich selbst auf. Gibt sie diesen Anspruch aber nicht auf, gerät sie in die stete Gefahr, die aufzugeben, denen sie doch verbunden ist. Übermenschliche Wahrheit vernichtet Menschenleben.

Die Forderung nach Wahrheit stellt Zukunft fest, weil sie auf Gemeinsamkeit zurück geht, die sicher macht für den Augenblick und für später. Wahrheit verschafft mir Ruhe vor mir selbst, denn sie gibt mir die Macht der Verallgemeinerbarkeit gegenüber allem Zweifel. Dieser Anspruch auf Wahrhaftigkeit ist Kind des Verlangens nach dem Richtigen.

Wahrheit wäre in diesem Sinne immer ein Außersich, gebunden an Zeichen, die über sich hinausweisen auf Anderes. Meine Wahrheit und meine Wirklichkeit sind nicht von vornherein deckungsgleich. Wahrheit erschöpft sich nicht in dem Versuch, diese Kongruenz im Prozess der Kommunikation herzustellen, ebenso wenig wie Wirklichkeit (als derjenige Wirkungszusammenhang von innen und außen, der nur in uns zu sich kommt) in der Mehrheit der Fälle unvermittelt zu teilen ist.

So scheint die Möglichkeit von Wahrheit gekoppelt an die Fähigkeit, Erinnerung zu teilen und zu extrapolieren. Gemeinsamkeit der Erinnerung macht Wahrheit möglich.

Vielleicht auch ist die Möglichkeit von Wahrheit eingebunden in das Maß der Leidensfähigkeit, bestehende Widersprüche auszutragen und zu -halten?

Heißt das Ehrlichkeit: nur sich selbst und zugleich einem Anspruch auf allgemeinere Gültigkeit zu genügen? So dass sich hier, in der bewussten Absetzung gegen das als Unrichtig empfundene, das Richtige von selbst einstellen könnte?

Oder findet sich das Richtige als das Unwahre, wenn es versucht, seine eigene Mehrheitsfähigkeit festzustellen und daran scheitert, weil es diesem Anspruch kaum je Genüge tun kann?

Ist Ehrlichkeit das Begehren nach dem Wahren oder nach dem Richtigen?

Das Richtige kennt keine Zeit, ist nur in einem Augenblick und will doch alle Augenblicke, will Dauer.

Man kann Musik
nicht widersprechen –
sie sei höhere Offenbarung als alle Weis-
heit und Philosophie, soll ein Kenner gesagt haben. Der Schlüssel zum Verständnis
liegt hier wohl im Begriff
der Offenbarung.

Wissen und Wollen in Übereinstimmung zu bringen, ist vermutlich ein aussichtsloses Unterfangen. Und trotzdem muss der Versuch immer wieder unternommen werden. Irgendwann muss es doch gelingen, irgendwann muss das Fragen ein Ende haben. Hätte es das, weil niemand mehr da wäre um Fragen zu stellen, dann wäre niemanden geholfen und kein Richtiges und kein Wahres hätten mehr Platz.

Wenn das Fragen einmal ein Ende hat, dann ist alles vorbei.

Tema con variazioni
## Das Richtige und das Wahre (Tema)

Weder ist das Wahre immer richtig noch die Empfindung des Richtigen immer wahr. Auch die Gewissheit des Wissens taugt nicht. Das irgendwie Richtige bleibt im Ungefähren.

Wenn wir es erleben, ist das Richtige zweifelfrei – aber auch umstritten, wenn wir es erlebt haben, wenn es Vergangenheit wird.

Musik. Gegen den Abendhimmel. Auch
das Schöne endet. Abendrot täuscht. Erinnerung: Rückprojektion erwarteter Zukunft.
Musik lebt davon.

Das Richtige, es war einmal. Vielleicht – (Wird's wieder? – Wird schon werden, das alles).

Nichts **wird** richtig. Das Werden, das langsame, mit voraussehbarer Zwangsläufigkeit sich Entwickeln,  ist kein Weg,  wenn es um das für uns Richtige geht. Wir wissen nicht, wann, wir wissen nicht wie das Richtige wird.

Ich weiß, es wird niemals ein Wunder gescheh'n, und dann werden keine Wünsche wahr.

Wahr wird meist, was wir schon lange gewusst haben – richtig gewusst, obwohl es nicht richtig geworden ist.

Das Wahre und das Richtige sind kein gutes Paar. Aber wir wollen sie beide zusammen: Das Wahre vielleicht, weil es das Wahre ist. Weil es uns braucht. Weil wir uns brauchen.

Denn Wahrheit ist nur in der Mehrzahl wichtig. Für mich ist es richtig, für uns vielleicht wahr.

Auch und gerade wenn zwei einander widersprechende Sätze den gleichen Anspruch auf Gültigkeit erheben, ist der Anspruch auf Wahrheit nicht aufzugeben. Beide Sätze können zugleich und nebeneinander wahr sein.

Das Richtige dagegen ist allererst nur für mich. Unbehaust in der Welt, bin ich auf der Suche danach. Es rührt uns an, ohne dass wir wissen, warum. Oder wieso (wozu und weshalb werden wir sowieso nicht rauskriegen).

Erkenntnisse von bestürzender Banalität sind wahr: „Scheiße stinkt", „Dr. Kohl ist ein Lügner".

Ein Kreis ist die Summe aller Punkte, die von einem anderen gleichen Abstand haben. Wir sind keine Primzahlen – dafür gibt es dann im richtigen Leben auch keine Primzahlen und keine Kreise. Die gibt es nur in unseren Köpfen.

Angeblich weiterreichende Wahrheiten haben immer ein oder mehrere Ausrufe- und Fragezeichen. Hier herrscht, wie man sagt, Abstimmungsbedarf.

> Zweifel reichen nicht,
> Mehrfel sind angesagt,
> wenn nicht gar Vielfel.

Manchmal ist auch das Richtige wahr. Was das aber ist, lässt sich kaum sagen, denn es zu sagen, macht es öffentlich.

Das Richtige aber ist in erster Linie nur meins, ebenso inkommensurabel wie zumeist unkommunizierbar.

Der Schmerz ist meiner ebenso wie das
Verlangen, wie die Empfindung
von Wärme.

Das Sosein der jeweiligen Erfahrung ist nicht reproduzierbar: das
Ineffabile des Individuum.

Das Nichtabbildbare des Eigenen, seine Wahrheitsunfähigkeit: kann
das im Umkehrschluss heißen, dass nur das Abbildbare wahr sein
kann? Das Bild als Ort der Wahrheit, ohne dass damit das Abgebil-
dete eingeholt würde?

So dass vielleicht das Richtige zwar unverfügbar, aber wahrzunehmen, zu denken und vielleicht sogar zu leben möglich wäre? Irgendwie irgendwann da, nicht wahrheitsfähig, aber im vollen Strom
der Glückshormone unbezweifelbar?

Ist das Richtige einfach – obgleich wir doch alle gelernt haben, dass
es für uns nichts Einfaches gibt?

Kann und muss deshalb das Richtige jeweils nur mein Eigenes sein,
nicht mitteilbar, nicht wahrheitsfähig und doch genau das Einzige,
was wirklich wichtig ist? Muss das so bleiben?

Will ich das Richtige nicht doch immer wieder teilen, brauche das
auch, weil das Richtige, allein erfahren, sich nur im depotenzierten
Modus zeigt? Das Richtige soll doch auch für andere sein: das Wahre.

Gewissheit kann nur wahr sein, wenn wir sie mitteilen können.
Greift aber Gewissheit, als das eigenste, was wir haben, um sich,
wird sie kollektive Gewissheit, wurde schon immer wieder zur Ka-

tastrophe, die das Ende aller Bedingung der Möglichkeit des Richtigen war …

Irgendwo sind dann also das Richtige und das Wahre doch wieder miteinander verbunden. Vielleicht weil das Wahre nur dann das richtig Wahre ist, wenn es das wahre Richtige zulässt.

Ich möchte doch auch, dass das Richtige das Wahre sei, damit es ungefährdet meins sein kann.

Wenn das Richtige und das Wahre koinzidieren, dann zumeist, weil etwas fehlt, weil vieles weggelassen wurde, weil wir uns etwas versagt haben: das nichts als Erwartete, das doch eigentlich überflüssig ist.

Im Raum des gemeinschaftlichen, zielorientierten Handelns stehen sich Richtiges und Wahres solange unvereinbar im Wege, wie die Einzelnen ihr eigenes Richtiges nicht als wahrheitsfähig zu begreifen in der Lage sind.

Solange das Wahre im Ausgang der abendländischen Neuzeit immer als ein Fremdes begriffen wird, weil das Richtige zwar als das Nur-Eigene erkannt, aber eben damit auch als nicht verallgemeinerungsfähig desavouiert ist, werden andere Formen der Aneignung des Wahren sich leichter, das heißt wirksamer, durchsetzen.

Zweifelsfreiheit und der damit verbundene Anspruch auf die ganze Erde stellen sich ein, sobald das Richtige sich immer zugleich als eingebunden in den Allzusammenhang des Wahren weiß und erfährt – und sei es im Gefühl blinden Hasses auf alles, was dem Eigenen fremd zu sein scheint oder genau diese Identität des Richtigen mit dem Wahren in Frage stellt.

Es wird aber einer davon nicht satt, dass man
ihm sagt, Millionen anderer hungerten …

## Var. 1: **Das Eigene**

Das Unausweichliche, der Zwang, ist etwas anderes als das Notwendige. Das eine ist meins, wendet meine Not, wenn ich's tue oder lasse. Es hat Zukunft.

Dem Zwang muss ich folgen ohne Alternative. Er hat nur Vergangenheit.

So ist mein Eigenes immer eingespannt in ein Kräftedreieck. Und zerbricht leicht dabei. Immer wieder müssen die Teile zusammengefügt werden im Bewusstsein, dass es Bruchstücke sind. Das Ganze wäre das Wahre und das Richtige (man muss Hegel nicht wie einen toten Hund behandeln).

Das Eigene ist nicht notwendig das Richtige – Wirkliches und Mögliches stehen zu oft dagegen. Das Wirkliche, weil es wirkt (ob Traum ob Wachen), das Mögliche vielleicht, weil ich es mögen könnte. Wenn die Bedingungen da wären. Wenn das Notwendige nicht zwänge, sondern meins wäre, mein Eigenes.

Dann wäre das Eigene die blanke Möglichkeit, reines Tunkönnen, Können, ohne wollen zu müssen (: Freiheit?)? Unmöglich, weil von keiner Notwendigkeit getragen? Immer unwirklich, weil in Wirklichkeit immer eingespannt in Vorher-Nachher, in Wenn-Dann, in so genannte Ursachen und Folgen (niemals zu Ende stochastifiziert)? Der Traum vom Fliegen, den angeblich alle Menschen träumen?

> Wirklich lästig bleibt nur der Albtraum
> von Trillionen Fliegen. So viele können
> schließlich nicht irren.

## Var. 2: Unbehaust / Nach Haus

Nicht das Eigene, nicht das Richtige, aber wahr, weil es alle gefühlt haben. Kein Raum, keine Zeit. Immer auf der Suche, schutzlos.

Nichts ist immer richtig. Vieles schließt sich wechselseitig aus und ist doch gleichzeitig wahr.

Das kann doch nicht wahr sein!

Das Gefühl dieser Unwahrheit verbindet uns alle Tage.

Denn allein zu sein ist uns untunlich. Wir suchen die Gemeinsamkeit der Meinungen und Gewissheiten.

Das Gefühl der Kälte und des Unbehausten bringt uns auf die Suche nach dem, worin noch niemand war: Heimat. Die wäre das gemeinsame Richtige. Für alle. Wo es zu Hause doch immer am schönsten war…

Grauenvoll: Zu Hause wird zu „So klingt's<br>bei uns", so genannte  Heimatklänge<br>besudeln das Ohr.<br>Aber das Volk ist doch nicht tümlich,<br>oder?

Doch Pommerland ist abgebrannt – ein Kindervers zum Fürchten. Denn Pommerland klang so ähnlich wie Zuhause. Immer irgendwo sein, wo nicht zu Hause ist, ist nicht richtig. Aber wahr, weil auf viele wirkend.

Insofern ist das Unbehaustsein, das nicht richtig ist, wahr.

Diese Wahrheit macht Angst. Nicht Angst vor dem Tod, sondern Angst vor dem Leben. Die ist wirklich. Die ist vielfach wirkend. Also fast immer wahr, denn wir schaffen damit gemeinsame Wirklichkeit. Sie ist dann unser, ob als Angst oder als Hoffnung.

Wir sagen meistens die Wirklichkeit. Manchmal tun das auch andere. Dann wäre das Gesagte möglicherweise wahr.

Wenn nicht die Missverständnisse wären. Und die unterschiedlichen Ansprüche auf das jeweils ursprünglich gemeinsam bestimmte Wirkliche. Hunger, Durst, Begehren, Abscheu, Hass, Liebe, Angst und Hoffnung: so viel Unkontrollierbares wirkt auf uns. Alles Eigene, die allein machen, auch wenn wir zu mehreren sind. Denn auch im besten Falle will ich dabei oft nur mich – als nicht Wahrheitsfähiges und selten das Richtige.

Unbehaust im Eigenen, weil es eben nur das eine Eigene ist. Zurück in den Mutterleib, wo alles eigene zugleich das andere ist, wo Unterscheidung noch nicht existierte (Adorno nannte es in den Minima Moralia „Glück"). Heute spricht man von der Plazenta als stummem Geschwister, selbsteigenfremd.

> Naja – in einem schier undurchdringlichen Gehäuse gefangen zu sein, mag ja auch seine Vorteile haben. Durch Nacht zum Licht ist vielleicht das Script zu einem Geburtstrauma …

Ich bin mir fremd, bin immer mehrfach.

Einheit ist ein Wunsch, der aus Bequemlichkeit kommt.

Wir sind nicht die, die wir werden wollten. Wir sind die geworden, vor denen wir unsere Eltern immer gewarnt haben. Der Traum von Heimat lässt uns unbehaust ("… to darkness, to nothingness, to earnestness, to home …").

Kinder fürchten sich manchmal im Dunkeln. Zu Hause ist das Dunkel oft im Keller. Oder beim Einschlafen, wenn der Herzschlag ängstigt. Zu Hause ist wohl nicht immer das Richtige, wenn es das

Vergangene ist, das Alte, das aus der Kindheit immer wieder hochkocht. Zu Hause kann die Hölle – und muss doch auch irgendwie richtig gewesen sein.

Nach Haus: Altes romantisches Cliché. Alle wollen angeblich dahin. Warum nur? Es war doch nach aller Erfahrung zu Haus nicht richtiger als anderswo. Und war dort vielleicht etwas wahr?

"No direction home."
Aber trotzdem!

Ist der stete Wunsch, endlich nach Hause zu kommen, nichts anderes als die Trotzreaktion der zu Hause Enttäuschten, das Heimweh nichts anderes als der verzweifelte Versuch, etwas herzustellen, was es noch nie gab: Heimat? Heimat ist als Zukunft möglich, wenn denn die Bedingungen der Möglichkeit gegeben sind (wenn Notwendigkeit gilt?).

Oder ist Heimat der Ort, an dem meine Toten sind? Wo auch ich meine Hoffnungen begrabe?

Alles soll bleiben, alles sich ändern,
Auch der maßlose Wunsch ist noch nicht
gestorben,
Die Hoffnung auf morgen
Ist nicht mehr so hell -
Noch mal, noch länger.

Das Nicht-Aufhörenkönnen: ein Kind, das am Sommerabend spielt und nicht schlafen gehen will: „Es ist doch noch ganz hell!"

Das Noch-Einmal, das Immer-Wieder, das Beschwören des Vergangenen, musikalisch tränenselig richtig, am Ende der beiden letzten Sätze des h-moll-Konzertes von Antonín Dvořák: das Cello kann nicht aufhören, zu spielen und zu singen, obwohl doch in den Kontrabässen schon die Nachtkälte durchschauert.

Alles soll bleiben, wie es nie war. Was nie war, soll endlich geworden sein. Zurück in eine Zukunft, die immer schon da war.

Heimweh könnte auch heißen, dass das Heim mit Schmerz verbunden ist. Heimat, so wird gesagt, ist da, wo das Herz weht tut. Die Gründe denken wir uns dazu.

Heimat ist Ab- und Ausgrenzen, Heimat heißt auch, sich richtig gut zu fühlen im Nur-Wir-und-nicht-die-Anderen.

Manchmal wünschen wir uns das zurück. Wenn es uns schlecht ging, gab es zuweilen Trost und Wärme, ganz einfach, ohne Fragen. Es war so schön übersichtlich.

> Bei Brahms finden sich musikalische Figuren, die dem Bedürfnis das Kindes nach Geborgenheit und Trost gerecht zu werden suchen, etwa im Sopransatz des Deutschen Requiems oder im Kopfsatz der e-moll-Cellosonate. Sie scheinen aber im Gewand der Melancholie auf, als wäre der rechte Trost  verloren gegangen. Selbst im süßlichen Kitschverdacht des „Ist auf deinem Psalter, Vater der Liebe" der Alt-Rhapsodie ist noch etwas vom Gestus der flehentlichen Bitte, die ohne Antwort bleibt. Brahms' Verzweiflung wird erst im Spätwerk stimmig zu trostloser Schönheit destilliert.

> Über Beethovens Musik hieß es in Bezug auf die Klaviersonate op. 111, sie sei zuweilen wie ein schmerzlich liebevolles Streichen über das Haar, über die Wange. Auch die Richtung scheint eine andere: bei Brahms vom Hörer zur Musik, der sich in ihr zu finden sucht; bei Beethoven kann umgekehrt die Musik den Hörer aufnehmen.

Manchmal auch wünschen wir die Geborgenheit zum Teufel. Das Kind in uns will immer alles – wieder unser unendliches Recht auf alles.

Erwachsenwerden müssen wir nur durch Notwendigkeit und Einschränkung. Selten durch Möglichkeiten. Der Wunsch, das Richtige als Eigenes und auf Dauer zu haben, ist Heimweh.

Wenn wir unser Heimweh teilen, werden Wirklichkeiten daraus.

Nur die Angst bleibt um das Eigene und vor dem Eigenen, das die andern nicht kennen, auch gar nicht kennen sollen und dürfen. Denn das Sollen und Dürfen bestimmt sich ja immer über die andern.

Das dumme Gefühl bleibt, beim Eigenen falsch zu liegen.

Das Enge, das InMir, voll Angst und Aggression: es weiß um seine Wahrheit, weil es allen anderen ebenfalls eigen ist: es ist mehrheitsfähig. Es braucht diese Mehrheitsfähigkeit, um sich zu schützen, um zu überleben. Und so ist es in sich auch im Richtigen. Allein.

Ich würde töten, wovon ich mich bedroht fühle, wenn mein Eigenstes beschädigt wird. Zu Hause ist dieser Wunsch eingebunden in den Bezug zu den mir nächsten Menschen (Beziehungsmorde zählen wohl zu den häufigsten).

Die Tötung des Fernstehenden, des Feinds, den ich nicht kenne, ist sanktioniert. Selbst das eigene Sterben wird hypostasiert zum „dulce et decorum est", wenn es gegen die Anderen geht. Dabei geht es eigentlich doch in erster Linie immer gegen die eigenen, vielleicht sogar gegen mich selbst.

Das Richtige ist vielfältig. Das Wahre auch.

Einfalt gilt nicht. Würde aber gern.

## Var. 3: Die Lebenden und die Toten

Die Toten sind einfach. Aber wir sollten sie deshalb nicht beneiden. Nicht mal Steine sind einfach. Tote sind nur noch als Erinnerung der Lebenden. Oder gar nicht mehr. Steine sind immer, sind hier und da, machen noch als steinernes Herz eine eigene Figur.

Das Richtige wie das Wahre sind Sache der Lebenden.

Die Toten haben immer Recht, denn wir können ihnen nicht widersprechen.

Aber das ist am Ende weitgehend ohne Belang, wenn es nicht unser Leben, unser Richtiges und Wahres beeinflusst. Was es oft tut – denn die Toten sprechen in uns. Manchmal sind wir selbst die Toten, wenn unser Richtiges wie unser Wahres das ihre bleibt. Vielleicht haben wir selbst eines Tages nur noch auf diese völlig belanglose Weise Recht.

Denn das Wahre und das Richtige sind ja auch eine Frage des Interesses, das wir daran haben: Was für eine Philosophie man wähle, hängt davon ab, was für ein Mensch man ist.

Wir sind die Lebenden.

Möglicherweise sind zwar die Toten die Mehreren – es leben wohl weniger Menschen auf der Erde, als schon gestorben sind. Wir jedoch, nur wir, die Überlebenden, können eben hierüber nachdenken, können fragen, Antworten verwerfen und anschließend die Unübersichtlichkeit, das Durcheinander und den Nebel beklagen.

Die Uneinholbarkeit des Augenblicks zu erleben ist unser Privileg. Wir können gewiss sein, ihn niemals zu vergessen, und wir können uns auch später an ihn erinnern. Zugleich und dagegen können wir sogar das Vertrauen in unsere eigene Erinnerung verlieren. Aber alles das geht nur, solange wir leben.

Nur wir. Mehr als Ich. Vielleicht kann ja das Wahre auch unterwegs sein zum Richtigen. Unterwegs gibt es nur bei den Lebenden. Auch unterwegs zum Tod sind wir nur als Lebende. Das ganze Vorlaufen geht eben nur, wenn man noch laufen kann.

Unser ist die Erinnerung. Sie ist wir. Weil wir sie machen, machen wir auch immer wieder uns selbst und sind zugleich Produkte unserer Toten.

So sind die Lebenden und die Toten immer beieinander. Wir brauchen keinen Himmel und keine Hölle dazu. Auch ich werde weiterwirken, wenn ich mal tot bin. Ob ich will oder nicht. Im Traum können wir mit unseren Toten sprechen, und manchmal sprechen sie auch zu uns.

Wir Lebenden können immer nur mit uns und unsereinem sprechen. Wenn Steine reden, sind wir es, die sie in der Brust haben.

Sogar der Himmel ist immer nur in uns – demnächst.

> Auch und gerade triviale Wahrheit ist mehrheitsfähig und deshalb möglicherweise wahr.

Die Hölle, das sind nicht die andern, die Hölle ist immer in uns, spätestens, wenn wir sie hinter uns haben. Wenn wir sie nicht überleben, haben wir sie zwar hinter uns, aber nichts mehr vor uns. Solange wir leben, haben wir zumindest auch den ganzen Himmel noch als Möglichkeit vor uns.

Nur als Lebende haben wir Wahrheit. Selbst dann, wenn immer nur die Toten Recht hätten, weil man ihnen nicht mehr widersprechen kann. Nur wir Lebenden haben die Möglichkeit, zu differenzieren, Unterschiede zu machen zwischen unserem Richtigen und dem der andern, zwischen dem Vergangenen und dem Zukünftigen. Nur die Lebenden können sich selbst in der Differenz feststellen.

Kleists brieflich geäußerte Selbsterkenntnis öffnet den Weg zum letzten Akt der Reflexion, in der das Subjekt sich selbst objektiviert:

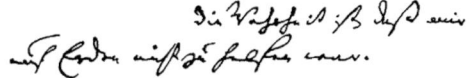

„Die Wahrheit ist daß mir auf Erden nicht zu helfen war."

Der Traum von der Einheit mit uns selbst, mit den andern, die sind wie wir, ist ein Albtraum vom Tod. Nur die Toten könnten mit sich identisch sein. Wir sollten es nicht wollen.

Millionen von Menschen hatten  noch nicht einmal ihren eigenen Tod. Ermordet und  zu Tode gefoltert, ist jeder Traum vom geglückten Leben ein Hohn auf ihr Leid. Immer und immer wieder  sprengt sich die Erinnerung der Gemordeten in die mögliche Kontinuität von Zeithorizonten.

Es ist unglaublich, was wir als Lebende alles aushalten können, um nicht bei den Toten zu sein (irgendwann sind wir's doch allemal).

Unsere Widersprüche sind unser Leben vor dem Tode.

Und eben dies könnte ein bisschen länger sein. Das Richtige und das Wahre sind möglich. Wir werden immer wieder versuchen, beides zugleich zu haben, immer wieder daran scheitern und es immer wieder versuchen. Denn sonst werden wir gestorben, manche von uns vielleicht begraben worden sein.

Nur, wenn wir nicht gestorben sind, leben wir noch heute.

Wahrheit und Gewissheit fallen endlich in der Tatsache zusammen, dass das Märchen vom geglückten Leben in Gemeinschaft aufhört mit unserem und dem Tode aller anderen.

## Var. 4: Gedächtnis, Erinnerung und Vergangenheit

Wir sind alle Tage Futur zwei Passiv.

Jetzt ist immer vergangene Zukunft. Wir können uns gut daran erinnern, wie es war, als andere so wurden, wie wir zu werden befürchten oder hoffen. Wir wissen auch, wie es ist, als wir waren, wie wir nie mehr sein werden.

Wissen ist zeitgebunden, sortiert nach vorher und nachher und weiß von sich als dem Ort, an dem sich alles entscheidet. Wissen kann irren, weil es seinen Gegenstand als Gewussten immer notwendig verdoppelt.

Wissen können wir das Richtige deshalb immer nur nachher: manchmal hatten wir sogar den Himmel, und haben es gar nicht gewusst.

Das Wahre können wir vorher wissen. Deshalb suchen wir immer danach. Das Wahre ist oft genug nur das aus der Vergangenheit in die Zukunft Projizierte (hilf, heiliger Hume). So ändern wir Gegenwart auf Zukunft hin aus Vergangenheit, die doch das einzige ist, was wir nicht mehr ändern können.

> Sartre schrieb: „Faktizität und Vergangenheit sind zwei Worte, die ein und dasselbe bezeichnen."

Selbst wenn wir in die Sonne sehen, sehen wir nur, wie sie vor acht Minuten war. Nicht zu reden vom Andromeda-Nebel: ein Blick zurück in ein Universum, das war – mehr als zwei Millionen (Licht-)Jahre weit entfernt, vor unserer Zeit und durch allerlei Massenspektakel verzerrt…

Die Kontinuität unserer Lebensverhältnisse ist das Ziel und dieses ist auch das Ergebnis unseres Beharrens auf unserer Vergangenheit. So ist die Beruhigung im Überschaubaren immer die Fortschreibung unserer erwarteten Vergangenheit:

> „Bann der Anamnesis."

Zeiterfahrung ist wahr als Erfahrung von Diskontinuität, aber die wird zumeist als unrichtig erfahren.

Erfahrung selbst ist verfestigte Vergangenheit, weiß immer nur, wie das ward. Denn alle Gegenwart wird im Nu zur Vergangenheit und als solche zur Interpretation freigegeben. So ändert sich auch die mögliche Zukunft jeden Augenblick.

> Robert Schumanns „Vogel als Prophet" spricht in einer Sprache, die vertraut klingt, aber keine für uns verständliche Deutung zulässt. Das Prophezeite ist fremd – außerhalb unseres Vorstellungsvermögens.

Das Schicksal, dem angeblich (nach Beethoven) in den Rachen zu greifen ist, macht sich nur deshalb so wichtig, weil es auf Zufall basiert, auf Unberechenbarkeit, weil es Erfahrung blamiert und häufig an dramatisch wirksamer Stelle die schlechtere von mehreren Möglichkeiten als die wirksamste präsentiert.

Der ständige Rekurs auf die Erfahrung ist zwar hilfreich, um den Alltag überschaubar zu machen, sperrt aber auch den Zufall, das möglicherweise ganz Neue, Unerhörte aus.

Gerade das Schicksal ist nichts anderes als der Krimi endlich zu Tage tretender Bedeutung, des Verweises auf etwas, was nicht mehr verfügbar ist.

Von unverschuldeter Schuld zu sprechen, hypertrophierte die Schuldfähigkeit des Einzelnen. Verantwortung ist möglich und zuweilen nötig – nicht aber Schuldzuweisung.

Erinnerung und Vergangenheit sind zwar durchweg verschieden, aber sie binden unsere Verständnisfähigkeit gleichermaßen. Nur was fremd ist, könnte weiterhelfen. Aber wir haben das Fremde eben deshalb nicht, weil wir es nicht schon einmal als unser Eigenes gehabt haben, weil wir es kaum zulassen können.

Das Eigene ist insofern das Vertraute, das mehr als Vollkommene, Plusquamperfekt.

Das Fremde, der Konjunktiv, die haben Zukunft: der vorweggenommene Zufall, das Mögliche und das als Unmöglich Vorgestellte. Und auch die in der Rede rekonstruierte Vergangenheit des „das habe ich doch mit meinen eigenen Augen gesehen!"

Nicht mal diese Vergangenheitsform kann helfen – gerade und besonders die Augenblickserfahrung ist selektiv.

Mein Eigenstes war vielleicht gar nicht, ich selbst lerne mich als Derivat vergessenen Geschehens zu begreifen, das immer wieder in die Erinnerung drängt.

Gegenwart wird so immer zur Projektionsfläche dessen, was gerade als Vergangenheit wirklich ist. Sie bleibt als Erinnerung konstruierte Vergangenheit, die aus dem Gedächtnis sich speist und so Geschichte wird, eine, die wir uns erzählen.

Diese Geschichte kann dann die richtige sein, auch wenn sie nicht die wahre ist. Wir selbst sind zu guten Teilen nicht wahr, können es gar nicht sein – denn der Begriff des Wahren sperrt sich gegenüber unseren Geschichten.

Der absolute Geist, der das alles in seinem Zusichselbstkommen trägt und in die richtige Ordnung bringt, ist verduftet.

So sind wir eben im Falschen bei uns und erzählen uns immer wieder die nämlichen Geschichten: Beschädigungen, die von uns fortgesprengt haben, was wir hätten werden können, zwingen uns in die Kreisbahn der Wiederholung von Abwehr und Aggressivität, von Verinnerlichung und Entsetzen.

Die Erinnerung sei das einzige Paradies, woraus wir nicht vertrieben werden können, schrieb Jean Paul in der „Unsichtbaren Loge". Aber Erinnerung ist vor allem auch Abschied. Denn was wir als Erinnerung aus unserem Gedächtnis hervorholen in die Projektoren unseres Bewusstseins - von dem wissen wir, dass es vorbei ist. Und erst wenn wir es wissen, ist es auch Erinnerung. Sonst bleibt es jene Art unpräziser Gegenwart, von der wir sagen: „Aber das war doch eben noch so, das kann doch nicht schon vorbei sein."

„Jedes Erinnern ist eine heutige Tat", schreibt Christoph Dieckmann.

„Ich erinnere mich", sagt man im Deutschen.

Im Erinnern habe ich mit mir zu tun. Das „Ich erinnere das" als Übersetzung des Englischen „I remember that" verschiebt das Gewicht auf den jeweiligen Gegenstand, blendet das schwierige Verhältnis der sich in ihrer Selbstreferenz verdoppelnden Subjektivität aus, unterstellt eine einsinnige Abbildung statt einer mehrschichtigen Rekonstruktion.

Das bisschen personale Identität vermittelt sich über die Geschichten, die ich als mein Leben verstehe, erzähle und wieder erzählt bekomme: die Summe der erfahrenen und zugefügten Defekte.

Gesetzt, ich wäre nur die Summe aller Einflüsse von innen und außen, die sich gegenseitig im Determinationsgedrängel determinieren, so wäre ich immerhin diese Summe – und schon deswegen mehr als das pure Aggregat der Teile.

Vielleicht holt uns aber alle am Ende der Alzheimer: Ein aus Geschichten (re-)konstruierter , einsehbarer und nachvollziehbarer Zusammenhang wird dekonstruiert zur Auflösung des Projektes Ich in die totale Wahrheitslosigkeit des Leiermanns, der alles gehen lässt, wie es will, die auch kein Richtiges mehr kennt:

> ... barfuß auf dem Eise wankt er hin und her …
> Wunderlicher Alter, soll ich mit dir geh'n?
> Willst zu meinen Liedern deine Leier dreh'n?

Die ewige Wiederkehr des Gleichen, die musikalische Figur der Drehleier, macht verstehbaren Zusammenhang unmöglich, weil am Ende der erinnerten Figur ihr Anfang steht, ohne dass sich etwas geändert hätte oder ändern könnte, ohne dass etwas da wäre, an das wir anknüpfen könnten. Zeit ist getilgt, ohne dass das Rettende erwachsen wäre. Selbst die Bedingung der Möglichkeit von so etwas wie Sinn ist vollständig ausgeschlossen, wenn Sinn denn etwas anderes bedeuten soll als die Ermittlung des vermittelbaren Gehaltes von Zeichen.

> Zeiterfahrung ist nur möglich als Erinnerung an gehabte und als bestätigte Erwartung kommender Veränderung. Musik lebt davon – Schuberts Motive im Mittelteil von „An die Musik", von „Die liebe Farbe" und vom Impromptu f-moll sind ähnlich, ohne direkt etwas miteinander zu tun zu haben – sie haben aber

einen gemeinsamen Platz in meiner Erinnerung wie
in meiner Erwartung.


Jean Paul schrieb im Siebenkäs:
„Die Ewigkeit ist auf der Erde."

Es ist die Ewigkeit des Lebens, eines Gedächtnisses, das noch in
sich fortpflanzenden Erinnerungen weiterlebt. Und es ist die Ewigkeit der Empfindung des Richtigen, die keine Zeit kennt, die außer
sich ist, in dem sie ganz bei sich bleibt. Nicht im Raum, sondern in
der Zeitlosigkeit eines Moments, der keine Ausdehnung hat.

## Var. 5: **Außerhalb – eingesperrt im Körper**

Raumerfahrung ist oft die des Ungelegenen, ist eine der Ursachen körperlichen Schmerzes: ankommende Veränderung entlädt sich zuweilen energiebehaftet an festem Körper.

Außen ist immer das Andere, das, was Probleme macht. Innen ist alles gut bis zu dem Tage, an dem sich diese Verhältnisse umdrehen. Oder unentwirrbar vermischen.

Wenn Zeiterfahrung eine innere ist, die auf das Nacheinander der Zustände aus ist, so ist die Raumerfahrung der andere Brennpunkt unseres elliptischen Selbst.

Zugleich ist Raumerfahrung aber auch der eigentlich innere Sinn, das In-uns, während die Zeiterfahrung das Äußere ist, das unvermeidlich Gegenwart in Vergangenheit verwandelt.

Zwei einander ausschließende Sichtweisen sind zugleich richtig. Von vorn gesehen, habe ich ein linkes Ohr und von hinten gesehen ein rechtes. Im Raum gibt es mehrere gleichzeitige wahre Möglichkeiten. Der Raum ist offen, ist immer Perspektive, gebunden an Licht und Schwerkraft – schon in der perspektivischen Malerei wird Schwere sichtbar als bestimmend für Räumlichkeit.

Der stetig wieder kehrende Traum vom Fliegen: Auf einem festen Weg bergab gehen, in immer größeren Schritten schneller werden und endlich in großen Sprüngen abheben, bis ich fliege – Körperlichkeit als Schwerkraft wird aufgehoben und damit endlich richtig.

Aber die zwanghafte Verbindung zwischen Körper und Schwere wird umso deutlicher im Landeanflug.

Das außer mir Befindliche, das nicht-fichtische Nicht-Ich, verliert manchmal seine Schrankenhaftigkeit, wir verwandeln uns aneinander. Das Richtige scheint wieder auf als nicht Wahrheitsfähiges und trotzdem mit dem Schein der Unmittelbarkeit behaftet, die doch immer wieder als vermittelt erscheinen muss, sobald sie außer sich kommt.

Außer-Uns kann aber auch Schmerz verursachen und leiden machen. Die ganze Welt der Dinge, alles Sichtbare, alles was uns berühren kann, vermag uns auch zu verletzen, könnte Bedrohung sein. Doch der Schmerz, von außen induziert, ist immerhin teilbar mit außen, zuletzt möglicherweise sogar mit dem Verursacher, wenn er denn gleichermaßen verletzbar ist.

Von innen kann Schmerz kommen, der nur unserer bleibt. Niemand kann ihn abnehmen, und nach außen bringen wir ihn nur durch Schreien oder Stöhnen. Wir alle. Bis zum Ende, aber endlos.

Leid ist immer wahr,
aber niemals richtig

Entäußerung wie Erinnerung: beide sind der Weg zum Ende, beide scheitern auf diesem Weg, wenn allein Eines Alles zu sein vorgibt: die Dialektik von Eigen- und Fremdwahrnehmung, deren jede immer wieder von der anderen überformt und durch sie bestimmt wird, die ihr Anderes brauchen, um selbst überhaupt auch nur für sich sein zu können.

Nicht einmal im Spiegel sehe ich mein Äußeres – ich sehe immer nur, was ich zu sehen gelernt habe: eine bestimmte Form mit einer bestimmbaren Bedeutung. Ich erfahre  nur, wie ich denke, gesehen zu werden und gesehen worden zu sein. Spiegelbildern eignet so Wirklichkeit, weil sie uns mit uns selbst über den Reflex unserer Erwartung vermitteln. Sie mögen Wahrheit haben, wenn zur Deckung gebracht werden kann, was sich im Spiegel und im Miteinander zeigt. Aber sie haben kaum Richtigkeit, denn wir bleiben uns fremd – was hinter dem Abbild geschieht, entzieht sich der Sichtbarkeit und ist mit ihr nur schwer ineins zu setzen.

> Ich bin nicht wir. Selbst geklont wäre ich
> nicht doppelt: der Klon wäre mein anderes
> Ich, nicht Ich selbst.

Das metaphysische Konzept war doch, das Wahre und Einzige, die unsterbliche Seele als Substantielles hinter den Bildern sichtbar zu machen und sie zu retten vor der Beliebigkeit des Verfalls wie des ewigen Perspektivenwechsels. Gescheitert ist dieser Zweig der Metaphysik auch daran, dass wir unser Spiegelbild in den letzen paar hundert Jahren immer genauer angesehen haben und dabei immer mehr Fremdes darin fanden.

Reflexion ist gebunden an Körper; an Äußerliches und Innerliches. ist aber auch der Versuch, im Innern das verlorene Äußere wiederherzustellen, der Versuch, im Äußeren das Innere wenigstens sichtbar werden zu lassen. Gebrochener Weltbezug, der sich nicht in eine ungebrochene Entwicklungslinie auflösen lässt.


Das Korrelat der Hirnprozesse weiß von sich als von dieser Korrelation.

Ich bin das Gedoppelte, und das Bestimmte meiner Erfahrung ist prinzipiell nicht ableitbar. Ich bin einzig, aber nur als der Schnittpunkt von Linien. Punkte haben keine Ausdehnung. Ich bin nicht Raum, wenn ich nach mir suche. Ich finde mich auch nicht in der Zeit. Ich bin eingesperrt in die Selbstwahrnehmung und alles außer mir ist draußen, ist fremd. Über Zeichen müssen wir uns mitteilen, die erst bedeutsam werden, wenn sie Folgen haben, wenn auch so etwas wie gemeinsamer Zeichenvorrat um uns herum angelagert wird, der Ich ist und das Außen. Objektiver Geist, sozusagen.

Manchmal dringt das Richtige durch: als Licht durchs Auge, wird zum Bild im Gehirn, zum Abbild und Vorbild. Kommt als Schallwellen durchs Ohr – wird zum Klang im Gehirn. Das Äußere wird zum Inneren, wird zum Korrelat, das am Ende von sich weiß.

> Anton Bruckner, 9. Symphonie, Adagio, ab Takt 231 bis Ende: E-Dur – Glockenklänge, Reminiszenz an den Anfang der 7. Symphonie, an Erfolg: Manchmal dringt das Wahre richtig durch. Abgeschickt von einem moribunden alten Mann, der nicht mehr recht bei sich ist, stark bigott und die Leber zirrhotisch.
>
> Kaum einer gäbe ihm einen Cent, wenn er als Penner auf der Straße säße, auch die Musik ist wenig hitverdächtig. Das Richtige und das Wahre können selbst aus dem Körpergefängnis noch leuchten, strahlen nach vorn.

Das Richtige als Körpererfahrung im Kopf, der nicht zu widersprechen, die nicht kommunizierbar ist.

Die Umarmung, der Kuss: Hautkontakt.
Außer mir wird an mir, außen wird innen.
Raum endet für eine kurze Weile.

## Var. 6: **Der Tod und keine Auferstehung**

Wir müssen alle sterben (auch eine Form von Raumbewusstsein: der Raum nimmt uns zurück, eines Tages sind wir endlich wahrhaft außer uns).

Das ist Wahrheit für alle, derzeit wohl unbezweifelbar und wohl die einzige, die uns verbindet. Als Sterbliche, unter dem Dach dieser einen Wahrheit, endet hier für uns alle Möglichkeit des Richtigen.

Über das Sprachlose, das Raum- wie Zeitverlassene zu sprechen, gelingt selten. Und wovon man nicht sprechen kann, darüber muss man angeblich schweigen. Aber genau hier nicht sprachlos zu bleiben, scheint einer der notwendigsten, einer der menschlichsten Züge zu sein.

Wir verlieren uns angesichts des Todes. Und wir verlieren uns durch den Tod. Alles, was wir wieder finden können, ist lebendig.

Die Toten sind immer tot, die Erinnerung ist nur die Erinnerung. Ausschließlich für die Toten gilt: „Alles ist, was es ist, und nichts anderes."

Für uns gilt: Nichts ist, wie es ist, weil es ist. In allen möglichen Interpretationen. Nichts geht auf in seinen Erklärungen.

Auch der Tod ist nicht, weil er ist, sondern weil ich nicht mehr sein werde. Nicht der Tod beendet mögliche Sinnzusammenhänge, sondern die stets unbeantwortete Frage, warum es denn mit ihm sein Bewenden haben müsse.

Auch Millionen Ermordeter werden nicht auferstehen, sie stiften keinen Sinn. Nicht im Dafür und nicht im Dawider.

Keine Interpretation kann die Toten auferwecken.

Den Sterbenden zu trösten, ist das einzig Menschliche. Aber es bleiben immer zu viele Ungetröstete.

Nur bei uns, hier, wo die meisten satt werden und nicht um ein paar Liter Wasser geschlachtet werden, hier im Paradies, haben einige, bevor sie sterben, noch eine Chance auf ein wenig Liebkosung.

Die Mehrheit verreckt: Sterbende stinken und schreien zuweilen. Manchmal schlagen sie auch um sich, verletzen, töten – vielleicht aus Angst vor dem eigenen Tod.

Manchmal auch zeigen die Sterbenden den
Lebenden eine Stärke, die nicht von dieser
Welt scheint.

Die Lebenden sind oft schwach im Angesicht der Sterbenden. Nicht der Tod ist das Problem, sondern der Weg dahin – nein, nicht das Sterben: das Leben im Bewusstsein des Sterbenmüssens.

Debil, aber von Angst gezeichnet; Schmerz, Beklemmung und Agonie, Schreie und Flüstern. Meine und die aller anderen.

Der Weg zum Tod ist schwieriger als der Tod selbst. Manche wollen tot sein, aber kaum einer mag sterben. Insofern ist der Tod das einzig Wahre, wenn auch zumeist nicht das Richtige.

„Nicht geboren werden, ist unbestreitbar die beste
Lage. Leider steht sie niemandem zu Gebot."

Der Tod ist ein Skandal.

Das Märchen lehrt uns, dass das zur ewigen Dauer bestimmte Leben ein verdammtes sei. Denn irgendwann wird selbst die größte Herausforderung langweilig, wenn als Folge des Versagens nicht schließlich alle Herausforderung endet.

Die Dialektik des Todes ist die des Wissens darum, dass wir leben müssen, um eines Tages sterben zu können. Noch die schrecklichste Totenklage beschwört das Leben, nicht die Auferstehung.

> Am Karfreitag, so hören wir, sei Gott aus freien Stücken gestorben. Der Glaube allein bewirkt seine Auferstehung. Der Tod, notwendig und endgültig, ist nicht rückgängig zu machen. Aber der Glaube kann ja Berge versetzen und hat den Tod überwunden. Für die Lebenden.

> "Se non è vero, è ben trovato."

Wenn wir Totenrituale feiern, beschwören wir das Leben vor dem Tode und entlasten uns zugleich vom Makel, überlebt zu haben.

Die Möglichkeit des Todes wird als die einzige Wirklichkeit unterstellt. Alles Danach hat keine Wahrheit. Nur Vergangenheit, die verschieden verstanden wird. Geschichte und Geschichten. Nicht nur Erinnerung, sondern auch Entäußerung, Geschichten von Verlorenem – Menschen, Lieben, Freunde, Lebensumstände.

Verlust ist das Thema. Zu verlieren, was das Eigene ausmacht, ist kaum zu ertragen: „Nur Täuschung ist für mich Gewinn." Tot ist das Verlorene, für immer fort, ein Stück von meinem Fleisch, neben dem Herzen geschnitten.

Wenn wir weinen um Verlorenes, weinen wir um uns selbst, den ewig vergeblichen Versuch, uns als Einheit wahrzunehmen. Es fehlt Unersetzliches, das Richtige, das uns je eigen war und nun fehlt. Auch wenn es nicht wahr ist.

> Das Lied von der letzten Rose wie das von der Weide singen von Verlust, der sehr traurig macht. Am Ende möchten wir uns selbst in dieser Trauer verlieren.

Ich werde mir sehr fehlen, wenn ich tot bin. Meine Toten fehlen mir. Der Anspruch des Lebens geht immer aufs Ganze, alle Lust will Ewigkeit, über den Tod hinaus.

> Dagegen endet Boito/Verdis Jago sein Credo mit den Worten: „E poi? La morte è il Nulla. È vecchia fola il Ciel." Vielleicht hat er hat auf wenig folgenreiche Weise Recht. Entscheidend ist wieder mal nicht, was ist, sondern was wir davon halten.

> Mahlers Auferstehungsoper zum Beispiel behauptet das Gleiche von der anderen Seite her, mit größtem Aufwand beschwört sie das Diesseits des Todes, die Unmöglichkeit seiner Überwindung, mit Pauken und Trompeten. Alles wird aufgeboten, was an Mitteln zu haben ist und rührt, weil das Eigene und das Richtige das Wahre zu simulieren trachten.

Es bleibt das Bewusstsein des Unvollkommenen, der ewige, ungeheure Mangel.

Zuweilen fehlt uns alles, was richtig ist. Es bleibt immer diese unendliche Differenz des Sollens: zwischen dem was ist, und dem was unnachlasslich zu sein hat.

Alles Wissen trägt diese Differenz in sich, in dem es seine Inhalte eben nur als Inhalte hat und nie unmittelbar.

> Jean Pauls „Rede des todten Christus vom Weltgebäude herab, dass kein Gott sei" lehrt die Endlichkeit zu lieben und den Tod nicht zu fürchten und beschreibt eben damit den Entschluss, den Mangel nicht zu tolerieren.

Denn solange sich die Sterblichen der Gottheit im Glauben versichern können, werden sie von dieser Sicherheit getragen. Der des Todes mächtige Gott erwächst aus dem Bewusstsein der Ohnmacht vor dem Tod – das Christentum hat hier Plausibilität versprochen.

Hegel schrieb 1802 am Ende von „Glauben und Wissen" über den Tod Gottes: „Der reine Begriff aber oder die Unendlichkeit als der Abgrund des Nichts, worin alles Sein versinkt, muss den unendlichen Schmerz […] – das Gefühl: Gott selbst ist tot […] – rein als Moment, aber auch nicht als mehr denn als Moment der höchsten Idee bezeichnen […] und also der Philosophie die Idee der absoluten Freiheit und damit das absolute Leiden oder den spekulativen Karfreitag […] in der ganzen Wahrheit und Härte seiner Gottlosigkeit wiederherstellen."

Der christliche Gott ist wohl schon länger tot, möglicherwiese war er schon gestorben, lange bevor Nietzsche geboren wurde. Hegels Versuche, ihn aus dem Ganzen als Wahrheit zu rekonstruieren, dürfen wohl mit Fug als problematisch betrachtete werden (wiewohl seither kaum Schlüssigeres zu diesem Thema versucht wurde). Es geht nur so, wenn man's denn so will.

Oder die andere Seite des Ganzen wird sichtbar: Leid und Sterblichkeit, skandalös und unvermeidlich, spotten jeder Vernunft, die glaubt sich der Natur annehmen zu müssen. Da bliebe nur die Trauer über Entropie und „der Schleier der Schwermuth, der über die ganze Natur ausgebreitet ist, die tiefe, unzerstörliche Melancholie alles Lebens."

«La nature est telle qu'elle marque partout un Dieu perdu et dans l'homme et hors de l'homme.»

„Deus sive natura": „Jenes ewige und unendliche Wesen, das wir Gott oder Natur nennen, handelt vielmehr mit derselben Notwendigkeit, mit welcher es existiert." Spinoza ist kühler in der Betrachtung. Die Natur ist nicht zu bewerten, der Totalität des Weltzusammenhangs ist einfach nicht zu widersprechen.

Hegel hat diese Einsicht zum Prinzip gemacht: das Absolute schaut sich in seinen Bruchstücken an und erkennt sich wieder. Aber „das Höchste ist, eben weil es dieß ist, nicht immer das Allgemeingültige." Denn das Allgemeingültige müsste ja auch mein Richtiges sein können und kann es doch nicht, weil mein Leid einzig ist wie meine Freude. Zumal mein Sterben ist nur meins.

Leoš Janáček komponierte ein kleines Stück für Klavier mit dem Titel „Das Käuzchen ist noch nicht fort geflogen". Todesschauer und Lebensseligkeit wechseln, bis die Musik mit einem geräuschartigen Akkord abbricht.

Danach kommt wohl nichts mehr, von dem wir wüssten oder wissen könnten.

> Wenn der Papst stirbt, warten alle gespannt,
> ob er seinen Herrn endlich kennen lernt.
> Doch er wird's uns
> nicht mehr sagen können, und
> im Falle eines Lebensirrtums
> wird er diesen noch nicht mal
> mehr haben bemerken können.

Der Tod ist so sicher, dass wir ihn bezweifeln müssen; denn alles Gewisse reizt zum Widerspruch.

Var. 7: **Der Zirkel und die Spirale**

Ich versuche, etwas zu begreifen, um nachher mehr zu wissen, als vorher.

Um mich sicherer zu machen, suche ich nach immer mehr zuverlässigen Gründen. Alle Gründe aber verweisen auf weitere Gründe, ein ins Unendliche gehender Regress der Begründung tut sich auf.

„Schlechte Unendlichkeit" nannte das Hegel. Schlecht wohl, weil kein Ergebnis, kein endlos geflochtenes Band am Ende den unendlichen Regress verbrämt.

Das Bemühen um gesichertes Wissen ist, konsequent gedacht, immer zirkulär. Wir gehen von Voraussetzungen aus, die sich am Ende als brauchbar, wenngleich nicht unerschütterlich erweisen können. Ein, wie wir zu wissen vorgeben, unumgänglicher Zirkel. Der sich, wenn wir ihn nicht anzuerkennen bereit sind, in die unerfreuliche Selbstbewegung einer bohrenden, spiralartigen Letztbegründungsfrage perpetuiert, die nicht aufzuhören bereit ist.

Das Richtige sind die Fragen, das Falsche die Antworten, das Wahre etwas Fremdes.

Selbst die Grenzen der Sprache bilden nicht den Rand gesicherten Wissens ab, sie sind nicht die Grenzen der Welt.

Sprache als Spiel kann nicht deutlich machen, was Ernst ist.

Anders gesagt: Sprache ist immer Ernst, sie kennt kein Spiel, sie ist immer gebunden an das Außeruns. Und in der nicht sprachlich verfassten Gewissheit kann viel Sicherheit liegen. Verstehen kann ich nur, wenn ich mich mit mir über das Außen verständige. Die ganze Bewegung des Gedankens ist kreisförmig.

Fragen will aufdecken, will das verborgen Wirkende zu Tage fördern, Anderes als das zutage Liegende kenntlich machen, mir und anderen, will frei machen vom Zwang. So sagt Mutter Aufklärung. Dazu gehört natürlich der Drang, mit der Unabhängigkeit vom Einfluss des Vorhandenen auch eigenen Einfluss frei zu machen, Möglichkeiten zu eröffnen, die sonst unter dem Deckel des Vorhandenen verborgen bleiben.

Der Begriff des Aufdeckens der Wahrheit  hat auch mit Nacktheit zu tun, mit der Eröffnung des Zugriffs auf das sexuell begehrte Objekt:, das seines eigenen Rechts und seiner Richtigkeit insofern beraubt wird. Der Drang zu Wahrheit und Wahrhaftigkeit sollte sich selbst als auch immer zugleich gewalthaft begreifen.

Das ungehemmte Fragen hat die Kraft der Pubertät, die sich noch nicht auskennt in der Welt und nach Bestätigung verlangt, auch nach Macht. Doch sie verliert sich selbst, wenn sie der Eigenbewegung der Frage folgt, die nur sich selbst perpetuiert.

Nicht das Richtige soll hier gefunden werden, sondern das für alle jederzeit und unter allen Umständen Wahre, das dem einzeln Fragenden die unendliche Macht der Allgemeinheit verleiht. Jedweder religiös fundierte Wahrheitsanspruch hat hier seinen Ursprung.

Gerät die hier basierte Gewissheit ins Wanken, wird aus der unvermeidlichen Zirkelhaftigkeit aller Begründungen eine Spirale, die sich tief in die Welt der Wahrnehmung bohrt und alle Gewissheit ins Nichts der gleichen Gültigkeit aller Argumente zerlegt. Ich selbst und die Dinge um mich verlieren sich in der beständigen Frage nach ihrer Gewissheit.

Die unnachlassliche Forderung wenigstens nach der Möglichkeit letzter Wahrheit zerstört am Ende die Suche nach der Möglichkeit des Wahren im Richtigen. Das Richtige wird falsch, weil es nicht mehr wahrheitsfähig ist.

Der Versuch, Wahrheit letztgültig dingfest zu machen, zerstört die Bedingungen ihrer Möglichkeit.

Letztgültigkeit ist eine Zurichtung, die die Waffen der Wahrheit so scharf schleift, dass sie zerbrechen im Streit mit den Unwahrheiten und Unrichtigkeiten des Alltags.

Doch im Reflex dieses Prozesses scheint Wahrheit auf als Möglichkeit, im kreisenden Nachspüren der Gedanken Erfahrungen immer wieder zu prüfen auf ihre Verträglichkeit mit meinem Richtigen und dem aller anderen. Die Fragespirale führte dann nicht mehr ins Zentrum des Fragenden, sondern um die Gegenstände der Erkenntnis herum.

Die Wahrheit wäre am Ende nur noch als die Möglichkeit bestimmbar, zum vorläufigen Konsens zu kommen - zwischen dem Anspruch auf das jeweils eigene Richtige und das verallgemeinerbare Wahre.

Und das Ganze dieses Prozesses wäre eben nicht mehr das Wahre, in dem das Richtige seinen Platz finden muss, weil es nicht anders geht. Keine Resignation und keine Unterwerfung.

Ist immer noch einzig dieser als der kritische Weg offen? Der ewige Weg der sich in sich perpetuierenden Kreisbewegung, die unaufhaltsam Hülle um Hülle vom Bildnis der Isis entfernt, um schließlich festzustellen, dass man mit ihr nicht schlafen kann?

Anders gesagt: Bleibt das Bemühen um Wahrheit tränentreibend wie das Schälen einer Zwiebel – und es blieben nichts als die Schalen übrig?

Merkwürdig bleibt der Wunsch, der einen Nucleus fordert, der übrig bleibt, ein Unveränderbares, das allem Wandel entzogen und doch verfügbar ist. Die europäische Metaphysik hat es immer wieder versucht und ist an sich gescheitert. Quantenphysik, Informatik und Evolutionstheorie haben beiseite geräumt, was im 20. Jahrhundert noch Bestand zu haben schien.

Wenn es denn aber das Bedürfnis des Eigenen ist, diesen Niedergang zum Thema zu machen und sich darin zu finden, hat es genau den alten Fehler reproduziert. Nur dass statt der Substanz das Subjekt hypostasiert wird.

Selbst- und Fremdwahrnehmung sind zwei Seiten derselben Sache. Mich selbst sehe ich immer auch zugleich mit den Augen anderer. Und manchmal gelingt mir die Empathie und ich kann andere sehen wie mich selbst. Oder ich sehe mich nur, wie ich denke, dass ich möchte, dass ich gesehen werde. Und so weiter. In der Spiegelung eines Spiegels gesehen, gehen alle Perspektiven ins Unendliche.

Wieder die ewige Wiederkehr des Gleichen.

Irgendwann muss<br>doch mal Schluss sein!

## Var. 8: **Glaube, Liebe, Hoffnung, Zweifel**

Glaube, Hoffnung, Liebe und Zweifel sind verschwistert.

Sie alle sind grundlos, verweigern sich jeder Gewissheit aus nachvollziehbaren, abzählbaren Gründen.

Sie alle sind unzufrieden mit den so genannten Tatsachen.

Wirklichkeit soll nicht eingeschränkt sein auf Faktizität, Empirie nicht alles sein. Unzufriedenheit ist Ergebnis eines unbefriedigten Bedürfnisses. Es fehlt etwas, es ist etwas da, was nicht passt, was zuviel oder zuwenig ist.

Differenz bezeichnet den Status quo des Bewusstseins. A kann nicht gleichzeitig Nicht-A sein. Oder doch? A soll nicht gleichzeitig Nicht-A sein.

Das Sollen resultiert aus dieser Differenz, aus diesem Ungenügen der so genannten Wirklichkeit gegenüber dem unbedingten Anspruch auf das Richtige. Immer noch ist A nicht A, immer die unendliche Differenz.

Glaube, Hoffnung, Liebe: Alles letztlich unbegründete, aber dafür umso mächtigere Ansprüche an die Heilung dieser Wunde unseres Bewusstseins.

Nur der Zweifel ist noch gewissenhafter: er nimmt den Widerspruch zu sich, lebt ihn jeden Moment und will ihn doch nur beenden. Er will sein eigenes Ende, möchte endlich überflüssig sein.

Der Zweifel ist so etwas wie der Zwang zur Vernunft – und die wäre dann der Versuch, in immerwährenden Widerspruch Strategien zum Überleben zu entwickeln und gleichzeitig den Zweifel durch systematisches Ausgrenzen von Alternativen auszuhalten, ohne ihn zu tilgen.

Auch unser Bedürfnis nach Gewissheit, nach Sicherheit und positiver Rückkopplung ist ursächlich für alle vier Formen selbstgewisser Grundlosigkeit. Ein fundamentum inconcussum wird gesucht, eben deshalb unerschütterlich, weil es nicht befragt werden will. Ein Prinzip eben.

So sind die einzig unbezweifelbaren Gewissheiten nicht von dieser Welt. Deswegen sind sie  vielleicht auch unsere liebsten. Wir haben mit Ihnen die Sicherheit, dass das Richtige bei uns ist. Ohne Fragen.

Alles ist gut: Diese Gewissheit, wenn sie denn statt hat, ist unbeweisbar, erst einmal nur meine, schiebt mich im Extremfall an den Rand des Querulantischen oder der Paranoia. Aber sie unterstellt auch die Sicherheit, nicht allein zu sein.

Wenn in der schwierigen Frage der Wahrheit schon grundsätzlich kein ubiqitärer Konsens aller möglich ist (wie er denn gelingen müsste, wenn wahre Gewissheit möglich sein soll), dann wenigstens in der überschaubaren Gemeinschaft, in der Beziehung zum geliebten Subjekt-Objekt, in der gewissen Erwartung einer offenen, gelingenden Zukunft.

Und genau diese Wünsche teilen wir. Die Rechtgläubigen teilen den Glauben, die Hoffnung stirbt zuletzt und die Liebe ist ihrer selbst gewiss.

> Paul Tillich beschrieb Glauben als „Ergriffensein durch das, was uns unbedingt angeht."

Fragen schließen sich an – nach den Bedingungen der Möglichkeit eines nur in der Subjektivität sich gründenden **Glaubens** ohne jede Absicherung durch die Wirklichkeit anderer. Wo beginnt die psychotische Verfestigung der Selbstgewissheit, wieweit muss auch diese Form des Glaubens sich an Andere anschließen?

Der Glaube hat angeblich Kinder – das Wunder sei sein liebstes, so hört man.

Der Wunsch nach dem Richtigen, das gleichzeitig für alle gilt, taucht wieder auf, diesmal bar aller Realität, denn die ist hinderlich.

Wirklichkeit und Glaube sind kein gutes Paar – nicht weil die Wirklichkeit die Alleinseligmachende wäre, sondern eben deswegen, weil sie's in aller Regel nicht ist.

Glaube ist letztlich die innerste Form des sich ganz auf sich beziehenden Richtigen – autistisch insofern, als es nur in sich Formen der Kommunikation findet und wundersamste Wahrnehmungen möglich macht.

Unter Glaubensgeschwistern scheint Wahrheit auf als die Eine.

Indem die Gläubigen sich als die einzig Wahrheitsfähigen setzen, gelingt das, was sonst notwendig scheitert: Sich grundlos aufgehoben zu wissen in einer unverfügbaren Garantieinstanz – auch die Vereinzelung meines Richtigen ist eingebunden in einen bedeutungsvollen Zusammenhang, der sich einer rationalen, mehrheitsfähigen Beschreibung entzieht.

Der Glaube kann Berge versetzen, weil er die Welt nicht braucht, weil er Berge nicht ernst nimmt.

Der Glaube selbst ist eine Art von Wunder, das sich für die Gläubigen als Geschenk vollzieht: man kann es nicht ablehnen.

„Es passieren manche Wunder in der Welt.
Wenn Musik von Schubert gespielt wird."

Tritt aber der Glaube aus dieser Rettung der Einzelnen heraus in die Gemeinschaft, wird er anspruchsvoll.

> Im Beethovens zweiter Vertonung des Ordinarium Missae, der Missa solemnis, röhrt der Chor im Credo Gemeinsamkeit, das „Ich glaube" tritt heraus aus der Sphäre sich selbst vergewissernder Subjektivität, erscheint als gemeinschaftliche Kraftmeierei.

Beruft sich der Glaube auf eine Offenbarung, so verliert er das konstitutiv Riskante seiner selbst: und  stellt sich sicher im Blick auf eine unverfügbare und unbefragbare Instanz. Wird auf diese Weise  Religion zum Ort des Glaubens, so wird das Richtige zum Wahren vergewaltigt und lebt von der Ausgrenzung der Andersgläubigen, die als Ungläubige zu denunzieren sind.

Das nicht Richtige bleibt, das was keiner will: Leiden, Schmerz und Tod.

Glaube darf nicht zum Prinzip werden.


**Liebe**, so weiß sie von sich, ist mehr als vier Füße unter einer Decke, mehr als das Gewitter der Hormone und die Steigerung der Überlebens- (und damit Reproduktions-) Wahrscheinlichkeit durch kurz-, mittel- oder langfristige Paarbindung.

Nur die Liebe hat ihre Gewissheit aus sich selbst.

Nur die Liebe kann die Gewissheit geben, dass die ganze Welt gut und richtig und wahr ist,  dass ich selbst mein Eigenes als das Richtige und Wahre habe, weil ich nicht mehr einzeln bin.

Liebe entgrenzt, verschmilzt mein Richtiges und ein anderes, schafft Wir ohne Verlust.

Liebe kann uns die Welt aufschließen, kann uns die Fähigkeit schenken, die unendliche Differenz immer schon hinter uns gelassen zu haben.

Und sie kann all diese Gewissheiten umkehren, kann alle Wahrheit und Gewissheit vernichten, ohne doch sich selbst zu verlieren. Das ganze Chaos des (Innen-)Lebens, unübersehbar und überwältigend, ist immer bei sich, ist unbezweifelbar, niemals wahr und doch immer richtig.

Nirgends kann so gehasst werden wie unter Liebenden.

Der Widerspruch, das Gleichzeitige von Ist und Ist nicht, von Ich und Nicht-Ich wird zum Leben, das auch Ungewissheit aushält, weil es nicht mehr fragt. Gewissheit also ohne Begründung und Ungewissheit ohne Zweifel – mental stabile Zustände, nicht immer an der sogenannten Realität orientiert, aber von eigener Wirklichkeit.

Die Liebe ist gerade dann bei sich, wenn sie außer sich ist. Das Gefühl des Glücks oder Unglücks spielt hierbei keine Rolle. Realitätsverlust, der doch wahr und richtig sein kann. Wirklichkeit entfaltet sich als eine, die der Realität (als des Inbegriffs des Mehrheitsfähigen) nicht bedarf.

Hormonelles macht kein Gefühl aus. Das Quale der Empfindung, die subjektiv-intersubjektive Gewissheit ist inkommensurabel.

Liebe kann keine Wahrheit haben, denn sie betrifft meistens nur ein paar Menschen, die ihre eigene Welt haben, die nur sie miteinander teilen. Liebe braucht vielleicht sogar die Lüge, ist dem ständigen Wechsel der Wahrnehmung vertraut.

Übrig bleiben Netze ohne Boden, übrig bleibe ich selbst als einer von unzähligen Knotenpunkten im Netz der Beziehungen. Du bist da, wirklicher als ich für mich und die andern, weil nicht verstanden, sondern geliebt.

Kinder. Du liebst dich selbst
in ihrem Lachen
und du leugnest deinen Tod
im Anblick ihres Schlafes.

Reproduktion spielt immer mit bei der Liebe – aber die Überwindung der eigenen Sterblichkeit ist scheinhaft wie die Reproduktion der Gattung selbst. Sie wird nie meine eigene sein, selbst wenn ich für meine Liebe den Opfertod stürbe.

In der Selbstvernichtung um Willen des oder der Anderen lebt nichts weiter als Teile eines Konglomerats von Genen  – so wie in den meisten anderen Menschen auch.

„Versinken, Ertrinken, unbewusst, höchste Lust."

(Mumpitz! Reproduktion versäumt?)

Liebe als universales Konzept ist zu groß für das Leben, zu klein gegen das Sterben.

Ein mittleres Format würde sich empfehlen. Wollten sich alle Menschen lieben, wäre globale Intimität geschaffen – ein Widerspruch in sich, der nur unter Aufgabe diskursiver Mehrheitsfähigkeit zu halten ist.

„Ist ein Traum, kann nicht wirklich sein, dass wir zwei beieinander sein…"

Dieser Traum war zwar wirklich, aber nicht wahr. Auch die Musik, vom Komponisten bewusst knapp an den Rand des Kitsches gestellt, beschreibt nur den Augenblick des geschichtslos, augenblicklich Richtigen in einer Geschichte, die keine Vergangenheit und keine Zukunft kennt. Am Ende des Rosenkavaliers

taucht die Beschwörung des Augenblicks noch einmal auf, eingehüllt in die Reproduktion der Vergangenheit durch sich selbst. Da ist nichts Wahres dran,
und doch vermag es als Ausdruck des Schönen richtig sein. Die Wirklichkeit eines Traumes bestimmt
sich aus ihm selbst.

Liebe ist auch eine Illusion, war es und wird es wahrscheinlich auch
bleiben. Illusion hat ja mehr Wirklichkeit als die so genannte Realität, die alle anderen auch haben.

Liebe kann kein Prinzip sein, denn alles Prinzipielle ist ihr fremd –
sie lebt nur das Singuläre. Der Zweifel kommt nur vorbei, um sie zu
enden. Sie könnte ihn nicht aushalten.

**Hoffnung** hatte ihre ganz große Konjunktur, ihre historische Kar-
riere. Das Projekt Moderne beruft sich auf sie, definiert sich aus
dem Bewusstsein der Möglichkeit gelingender Zukunft, ohne Gott
bemühen zu müssen. Der Hoffnung jedoch eine materiale Grundlage als principium zuzuschreiben ist wohl Glaubenssache.

Nur wenn alle Einzelnen zugleich immer schon Alle wären, hätte
eine materielle Basis das Potential zur Rettung des Ganzen.

Hoffnung ist unbelehrbar und unverzagt, sie vergisst gern und mit
Mut.

Den Bruch zu wagen, das Neue zu beginnen muss trotz aller Speku-
lation über das in der Welt beschlossene Potential blind bleiben wollen. Hoffnung kann Verzweiflung lindern, kann Mut machen und
Zukunft aufmachen. Als das Wünschen noch geholfen hat, war
Märchenzeit.

Hoffnung ist verliebt in die Realität, traut ihr und sich etwas zu.

Nicht das Geplärre des „Alles wird gut" ist Hoffnung, sondern der Mut zur kontrafaktischen Gewissheit, zu der Überzeugung, die auf sich hält und der Welt auch ohne Grund vertraut. Freiheit schiene dann auf als Summe realer Möglichkeiten, als das prinzipiell nicht Vorhersagbare – und zwar Freiheit nicht als die eines im Willen sich findenden Subjekts, sondern als die der objektiven, dem Subjekt nicht länger fremden Welt der Gegenständlichkeit. Alles Starre, Unbeugsame hätte ein Ende. Selbst Vergangenheit verlöre ihre Starre im Blick auf ihre mögliche Änderung im Horizont neuer Vergegenwärtigungen.

> „Wie sehr man auch die Täuschung durchschaut hat,
> es ist unmöglich, ohne Hoffnung zu leben."

Hoffnung ist der ewig unabgegoltene Anspruch auf den Potentialis: Das Sterben hätte nicht das letzte, jeden möglichen Bedeutungszusammenhang abschneidende Wort, Zweifel wäre endlich zugelassen im Kreis unvernünftiger Gewissheiten, die das Bestehende nur als das nehmen, was es ist: exakt der gegenwärtige Stand der Dinge, offen für Veränderungen aller Art.

> „Die süßesten Früchte
> fressen nur die großen Tiere."
> So hörten wir's und dachten, dass es damit
> nicht sein Bewenden haben solle.

Hoffnung ist kein Prinzip. Sie ist die vielleicht schönste Tochter unseres Denkens, makellos allerdings nur im Scheinwerferlicht unserer Projektionen.

Nur der **Zweifel** macht immer alles kaputt. Er ist das ungezogene unter den Geschwistern.

> Musst Du immer alles kaputtmachen?

Auch der Zweifel hat seine Probleme. Manchmal geht es ihm nicht gut. Er fühlt sich schwach, ungeliebt und ausgegrenzt. Eigentlich mag ihn keiner. Aber er hat das Gefühl, das Richtige und das Wahre ganz nah bei sich zu wissen und ist ständig bestrebt, sich selbst aufzuheben. Denn auch und gerade der Zweifel möchte nur seine Ruhe, er sucht einzig das Beständige im Wandel und kann es nicht finden.

> „Es muss uns etwas als Grundlage gelehrt werden."
> (…) Ein Zweifel, der an allem zweifelte, wäre keiner."

Der Zweifel bleibt auf ein tertium comparationis verwiesen, das er selber nicht zu Gebote hat. Hätte er dies aber, so wäre alles andere ein Kinderspiel.

Der Zweifel generiert allerlei Prinzipien, möchte alle seine Kinder fressen und wäre sich auch selber am liebsten los. Der Zweifel ist sich selbst fremd, gerade dann, wenn er ganz bei sich ist, erst wenn er ganz verzweifelte, geriete er endlich außer sich.

Vielleicht ist er ja nur eine Leidvermeidungshaltung.

## Var. 9: Der, die, das Andere

Raus aus dem Zweifelkäfig, aus mir.

Draußen noch einmal. Anderes begrenzt mein dauerndes Innen, wo ich zumeist mehrere bin, denn das Ich - Parlament tagt in Permanenz.

Fremd werde ich mir in der Spiegelung durch den Blick der Anderen. Meine Rollen, das Sein für Andere, reißen mich auseinander, ich habe zu viele davon und kann doch nur in ihnen mit den Anderen sein. Ich komme nicht zu mir zurück ohne dieses ewige Pingpong, bliebe immer in oder außer mir.

Bei mir bin ich nur, wenn ich nicht allein bin.

Dinge an sich und Ich in mir – das sind vertrackte Probleme. Das Außer-Mir lässt sich nicht aus dem In-Mir ableiten, das Wir ist nicht verfügbar. Eine Deduktion des Anderen, des Nicht-Ich, gelingt nicht, kann nicht gelingen. Einerseits inkommensurabel, ist es doch verstehbarer als Ich, weil objektivierbar. Objektivität muss nicht Vergegenständlichung, kann auch den Versuch bedeuten, das Andere neben dem Eigenen als solches frei zu lassen aus dem immer wiederkehrenden Anspruch, alles zu meinem zu machen, mir anzuverwandeln.

> Der die das Andere ist immer fremdeigen.
> Es wird nie ganz eigen, dem dann zu vertrauen wäre.

„Fremd" und „vertraut" bestimmen sich aus dem Umstand, dass die Situation familiären Umgangs unsere Wahrnehmung entscheidend prägt. Basale Bewertungsmuster lernen wir wohl in der frühen Kindheit und leben dann danach. Es ist

nicht zwingend richtig so, wie es ist: das
Richtige generiert sich, wie zu lesen ist,
aus dem unreflektierbaren, nicht verfügba-
ren Reaktionen des limbischen Systems.

Im Diskurs unterliegen wir immer noch demselben Regiment, aber
wir haben den Weg zum Anderen als den Weg zum Bewusstsein unserer Freiheit beschritten. Anderes ist dann die Wurzel der Wahrheit
– das Spiel wird immer über Bande gespielt.

Unterhalb von „Fremd" und „Vertraut" liegen das Eigene und das
Andere.

Das Andere und das Eigene sind immer Perspektiven von Zurech-
nung, auch von Schuld. Die wäre dann der Verweis auf ein Eigenes,
das als Anderes verletzt wurde. Der Begriff der Verletzung insinuiert
dabei ein intaktes Ganzes, das so ist, wie es sein soll, wie es als richtig wahrgenommen wird. Wir hatten wohl dies auf den ersten Blick
Intakte nie zu Gebote, aber unterstellen es ohne Ende als unser tertium comparationis im Blick auf unsere Urteile. Es zeigt sich, wie
sehr wir an unser Richtiges gebunden sind – alle in gleicher Weise,
aber jeder für sich.

> Eine an Aristoteles oder Thomas sich anschließende,
> teleologisch orientierte Betrachtungsweise wäre in
> diesem Zusammenhang dann ein Denken, das im
> mehrheitlich Richtigen zugleich das Wahre (für alle)
> zu realisieren suchte – und damit beide Perspektiven
> überlastete. So etwas wie eine natürliche Ordnung
> existiert immer nur als unser gemeinsames Projekt.

Die oder der andere sind Bedingung dafür, dass ich Ich sein kann –
und sie können eben dies doch nicht sein wollen, denn sonst wären
sie nicht sie selbst, was sie nur sein könnten, wenn sie zugleich andere für andere und ganz für sich selbst wären.

Der Kreis des Eingebundenseins in die Bestimmung des Selbst durch die Andere, den Anderen  und die Anderen ist für uns alle kaum zu durchbrechen. Es stellt sich die Frage, ob und gegebenenfalls wie dies überhaupt als wünschenswert vorzustellen ist.

Die, der, das Andere ist in diesem Zusammenhang auch immer Ich, eigenes Selbst. Hat ihr oder sein Richtiges und sein Wahres.

Ich bin auch ihr oder sein Anderer.

Gemeinsam haben wir den Tod und die Welt außer uns – und manchmal sogar eine gemeinsame Zukunft. Der Zweifelkampf kann enden an der, dem oder den Anderen. Und er kann dort beginnen wie sonst nirgends.

Nur im Austausch von Zeichen und Symbolen generieren sich gemeinsame Wirklichkeiten und damit die Bedingung der Möglichkeit von Fehlinterpretationen und Missverständnissen.

Nicht in mir entscheiden sich die Zweifelsfragen des Richtigen und des Wahren, sonder am Außen, das, nach Innen genommen, als das fremde Eigene zugleich der Ort ist,  an dem sie sich abarbeiten. Die Dialektik des sich verinnerlichenden Außen und des sich entäußernden Innen fallen in keiner Aufhebung zusammen. Die klappernde Mühle einer an Hegel sich schließenden Selbstläuferdialektik stockt in der Möglichkeit,  absichtsvoll das Falsche, das eben nicht Wahre, vielleicht sogar Unrichtige  tun zu können.

> Unrettbar daneben zu liegen,
> ist nicht Schicksal,
> sondern eine Chance, dem großen Ganzen zu entwischen.

Das Falsche ist nicht nur dasjenige, in dem wir alle leben. Es impliziert auch die Möglichkeit, es wissentlich und willentlich zu betreiben - die zynische Vernunft lebt davon.

Oder es geschieht einfach, wenn's mal wieder dumm gelaufen ist.

Die im falschen Moment lautstark zugefallene Tür kann Zufall sein – und die Sache endet trotzdem in allseitiger Verstimmung.

Dem Zufall schicksalhafte Bedeutung zuzumessen oder ihn als Fehlleistung zu deuten, nimmt ihm sein eigenes Recht als Abweichung von der Erwartung, indem es ihn in einen größeren Verständniszusammenhang einzwängt.

Fehler schleichen sich ein.

## Intermezzo:
## Einschub über Fehler

> **Es ist überall nichts auf der Welt, ja überhaupt auch außer derselben zu denken möglich, was ohne Einschränkung für schlecht könnte gehalten werden, als allein ein Fehler.**
>
> (Frei nach KANT)

Kant baute auf ein fundamentum inconcussum zweiwertiger Logik: Ent- oder Weder, Lechts oder Rinks. Allerdings ist diese Einsicht in die Bedingung der Möglichkeit des Wahren auch gebunden an die Möglichkeit des Falschen und zieht damit eine gedankliche Bewegung nach sich, die beide übergreift.

> Hegel hatte das Zeug zu einem der größten Humoristen unter den Philosophen – seine Einsicht in das Ineinanderverwickeltsein des Einen und des Anderen gibt das Gestaltungsprinzip eines umfangreichen Gesamtwerks ab. Beide können nicht ohne einander und verweisen notwendig auf ein drittes, das ihnen zugrunde liegt und sich schließlich erst am Ende zeigt, wie der verkleidete reiche Großonkel am Ende einer mittelmäßigen Komödie. Er hat noch nicht einmal verschwiegen, dass schließlich doch nur die Apotheose der einen Wahrheit über alle Widerstände der Unmöglichkeiten hinweg gefeiert wird. Widerspruch, Unmögliches, Falsches und Zufälliges bekommen ihren Platz auf den hinteren Rängen zugewiesen. Es regeneriert sich das fehlerlose Eine, das seine Ausnahmen nur als eben als solche zulässt, sie damit denunziert und ihnen kein eigenes Recht mehr lässt.

Könnte sich dagegen aus der Möglichkeit, Fehler zu machen, eine Bedingung der Möglichkeit der Metaphysik entwickeln lassen? Der Fehler käme so zu beträchtlichen Ehren: gerade indem er ausgesperrt wird, ermöglichte er erst die Bewegung der Metaphysik, die den Gedanken des Wahren im Ganzen zu denken suchte und ihren Ausgang doch immer vom Bewusstsein des Unrichtigen nähme.

Eine unerträgliche Differenz zwischen dem jeweils Wahrgenommenen und seiner Bewertung machte den Fehler, den Mangel an Richtigem, zum Ausgangspunkt aller Suche nach Wahrheit.

„Fehler: Abweichung vom Richtigen, Unrichtigkeit, Verstoß gegen Regeln." So steht's in Wahrigs Deutschem Wörterbuch.

Doch es fragt sich, ob damit alles am Fehler beschrieben ist. Ihm zugrunde liegt ja vielleicht auch das schlechthin Falsche – das, was ohne weiteren Grund negiert wird.

Denn im Falschen das Richtige zu erkennen, ist nicht Ergebnis begrifflicher Distinktion, sondern erwächst aus dem Zusammenhang. Es drängt sich auf, denn auch wenn  flasch geschrieben wurde, ist falsch immer noch erkennbar.

Vor der Subsumierung eines Sachverhaltes unter eine größere Einheit wäre probeweise erst einmal das Unpassende, das nicht sich Fügende – eben das Falsche – in seinem eigenen Recht zu sehen. Und es wäre weiter zu prüfen, inwieweit es möglicherweise ohne diesen Bezugsrahmen auskommen kann.

Vor der intellektuellen Rekonstruktion stünde dann ein dem bewussten Denken unverfügbares Wissen um das nicht zu Gebote Stehende, das Ungewünschte, das möglicherweise Falsche.

Das Richtige wäre dann, so gesehen,  nichts als die andere Seite unseres Mangels. Alles Erkennen würde zum Wiedererkennen insofern,  als es sich aus einer Rückprojektion unserer Defizite speiste. Das Richtige schiene so zuerst auf im Valschen.

Dass Auschwitz nicht sich wiederhole, setzt Auschwitz voraus. Einige ältere Nachdenker setzten das Gute in die Folge des Bösen. Das verkehrte aber wohl die gute Ordnung und wurde nicht communis opinio doctorum.

Selbst Zeichen, die nur höchst unvollständig zu sehen sind, können wir identifizieren. Unser Kognitionssystem ergänzt das Fehlende einfach. Das könnte heißen, dass wir gebunden wären an das Richtige, auch wenn wir es gar nicht beabsichtigen. Das Fehlende zu ergänzen, ist uns eigentümlich, die Wahrnehmung des Mangels konstitutiv. Wir wollen ja immer nur das jeweils Richtige.

Aber nicht wir wollen: wir werden gewollt. Das Positive ist dem Negativen äquivalent, Amygdala macht da wohl keinen Unterschied, sie wertet möglicherweise nur binär, 1 oder 0, an oder aus. Das positiv Bewertete kann alles Mögliche sein, das Negative genauso.

Auch das Richtige erschiene so als die bloße Vermeidung des Falschen. Das Falsche böte so fast mehr Möglichkeiten als das Richtige, denn außer sich selbst zu verneinen, könnte es sich auch bejahen, könnte sich als das Richtige setzen wollen im vollen Bewusstsein, dass es doch immer das Falsche bleibt.

Das Richtige will immer nur bei sich selbst bleiben. Doch erst im sozialen Kontext, im Auseinander entscheiden sich die Bedingungen der Möglichkeit von Wahrheit.

Auch das inkommensurabel Falsche, Massenmord und Genozid, sind Phänomene des Sozialen. Nur hier sind Falsch und Richtig wirklich falsch und richtig.

In diesem Zusammenhang ist nichts für sich richtig oder falsch. Der Tippfehler zum Beispiel funktioniert

ja nur innerhalb des anerkannten Regelsystems der
Herren Duden oder Wahrig.

Tippfehler kann aber auch bedeuten, dass beim Lotto
die falschen Zahlen angekreuzt wurden. In der
Mehrheit der Fälle wäre hier der Fehler eher die Regel
als die Ausnahme. Und das Richtige kommt immer
zu spät. 2, 7, 12, 25, 26, 35. Superzahl 2. Oder so ähnlich. Das Falsche, so tönt es aus allen Lautsprechern,
lohnt sich nicht.

Der Fehler, genauer betrachtet, steht vielleicht wirklich am Anfang
allen Verlangens nach Veränderung und Heilung unserer Welt, der
Fehler, entweder als derjenige, dem ich ausgesetzt war oder noch
bin, der mir als meiner zurückgemeldet wird oder als der in der Sache. Er wäre so auch Bedingung der Möglichkeit, dass irgendwann
alles gut wird. Wenigstens auf dem Weg dahin wären wir doch so
gerne, obwohl wir auch so gern unsere Fehler behalten wollen.

Latein, Klassenarbeit Nr. 5

*7 Fehler 3 He*

Die Fehler, die hätten vermieden werden müssen, werden – so lau-
tet die immer wiederkehrende Lehre – am Ende zusammengezählt
Sie hätten ja vermieden werden können – und so bestimmen sie das
Weitere, denn sie sind unleugbare Vergangenheit, nicht rückgängig
zu machen. So zirkeln sie den möglichen Umkreis des Falschen.
Man kann in diesem Zusammenhang nicht mehr als wirklich Alles
falsch machen.

Richtiges von Falschem zu sondern, setzt eine intakte Orthographie
und Grammatik voraus. Die sprachliche Ordnung spannt einen ge-
ordneten Zusammenhang der Welt auf, in dem auch das Disparates-
te noch kommensurabel wird.

Erst die Verletzung der Regel ist Grundlage aller Veränderung.

Enttäuschung z. B. könnte ein Modell für fehlerhaftes Beginnen abgeben: aus der fehlerhaften Einschätzungen, aus der düpierten Erwartung, generiert sich im besten Falle die Möglichkeit, die Beschränkungen der eignen Erwartungshaltung zu durchbrechen oder künftige Verletzungen zu vermeiden.

Am Anfang, so könnte weiter angenommen werden, stünde der Fehler.

Als Scherz, Spaß, Satire, Ironie spielt er mit enttäuschten Erwartungen oder vergleicht Unvergleichbares. Auch die Demaskierung, die Verzerrung bis zur Kenntlichkeit ist fehlerhaft, kein getreues Abbild, das in sich unter anderem eben auch schon wieder ein Fehler sein kann. Aber die hilft auch zuweilen einen kleinen Schritt weiter, weil Sie Anderes als das Bestehende freihält.

Mit einem Fehler, willentlich, als bewusste Regelverletzung an den Anfang gesetzt, beginnen zuweilen neue Kapitel. Mutation, als Replikationsfehler betrachtete, eröffnet neue Perspektiven oder stirbt aus.

Manchmal können wir Fehler nicht vermeiden, manchmal müssen wir sie einfach machen. Die Summe meiner Peinlichkeiten addiert sich zur Summe meiner Möglichkeiten.

Der Fehler als Irrtum ist auch meiner, denn nur in mir kann die Vorstellung des Richtigen mit dem Falschen abgeglichen und die Differenz zu Wort kommen: Eine Differenz, die keinem Ziel sich unterordnete, einfach zweckfrei daneben.

Den Fehler als Mangel (an Anpassung, nicht an Vollkommenheit) führt Mutter Evolution zumeist ad absurdum. Er hat keine Chance, sich zu perpetuieren. Das Falsche bleibt Episode, bekommt so aber auch eine zeitliche Dimension. Das Richtige hingegen verschwindet völlig aus dem Blick.

Es bleibt viel Zufälliges am Beständigen, auch wenn es sich als das einzig gerechtfertigt Vernünftige, ja Unumgängliche geriert. Das mehrheitlich Vorhandene generiert so auch das mehrheitlich Richtige, die Bewertung des Richtigen erfolgt angeblich schlechthin aus sich selbst.

Ändert sich die Erwartung, wird der Fehler richtig, die Ausnahme wird zur Regel.

> Früher stand in der Telephonzelle „Fasse dich kurz!" Wer je im Regen vor einer solchen stand und die Person drinnen konnte in ihrem Mitteilungsbedürfnis kein Ende finden, der weiß um die Berechtigung dieses Satzes. Heute ist das unendlich-ubiquitäre Gequatsche am Handy nicht der Super-Gau der Kommunikationsgemeinschaft, sondern ein Wirtschaftsfaktor.

Zuweilen artikuliert sich unser Bedürfnis nach dem anderen als dem mehrheitlich Richtigen im Gewand des nicht bestimmt Gewollten. Solche Fehlleistungen entheben uns nicht der Verantwortung für das Geleistete. Sie zeigen nur, wie weit mein ewiges Ausgespanntsein zwischen den Polen des Richtigen und des Falschen mich selbst immer zum Übergang macht und so das Illusorische einer als beständig und substantiell vorgestellten Subjektivität auch erlebbar wird.

> Hier liegt wohl auch eines der grundlegenden Probleme unseres Verhältnisses zum Richtigen und Falschen: Wir nehmen etwas immer nur als etwas wahr. Wann immer wir ein Rotes oder Grünes wahrnehmen, wird es als rot oder grün bezeichnet. Kommt dieses zu Bewusstsein, bringen wir den Sachverhalt in die Spannung zwischen Zeichen und Bezeichnetem.

Selbst Identität mit sich ist immer nur ‚als' Identität zu haben. Die Reproduktion der Wahrnehmung in der Sprache ist konstitutiv für unser Bewusstsein, um uns selbst Erinnerung und Identität, letztlich auch Zeitlichkeit und damit Zukunft zu ermöglichen. Nur in der Verdoppelung der Wahrnehmung als Erfahrung ist also Bestand zu sichern. Die hieraus resultierende Abkopplung von jeder möglichen Unmittelbarkeit des Augenblicks schafft auch Entlastung, aber die hiermit verbundenen Probleme liegen zutage: Alles, was der Fall ist, ist schon für mich selbst notwendig zumindest gedoppelt.

So betrachtet, sind Fehler Ergebnis eines Missverständnisses zwischen mir selbst. Kommunikabilität bedeutet immer auch die Möglichkeit, uns im Dialog mit uns selbst zu verstetigen und ist so die Mutter alles Missverstehens. Einfache Wahrnehmung bleibt stumm, hat Wirkung und Wirklichkeit, kann aber nicht zu Wort kommen. Die Singularität eines Augenblicks, das jeweils sprachlos Einzelne, gerät immer wieder in den Sog des Vereinzelten, abgesetzt gegen das sich als wahrhaft wahrheitsfähig verstehende Richtige.

Wirklichkeit ist immer diejenige Empfindung, die Wirkung auf uns zeigt. Kommt sie als solche zu Bewusstsein, kann sie für wahr genommen werden. Ab hier ist sie immer mindestens gedoppelt und es kann auch kein bezwecktes Zurück zur Einfachheit geben, denn indem wir es uns vornehmen, haben wir es schon diversifiziert. Sein, reines Sein, ohne alle weitere Bestimmung: das ist nicht zu bekommen. Der Weg der Philosophie ist auch ein Weg der Verzweiflung. An seinem Ende stand einmal die absolute Idee. Aber die gibt's schon lange nicht mehr, nur unsere Fehler nehmen globale Ausmaße an.

Fehler zeigen sich immer wieder  als das pure Anderssein der Wirklichkeit gegenüber der Erwartung.

> Die so genannten Fehlfarben: gutes Zigarrendeck-
> blatt, dessen Aussehen dem Anspruch auf perfekte
> Farbgebung nicht genügt. Die Zigarre brennt, riecht,
> schmeckt wie die anderen, hat aber im Deckblatt hier
> und da die falsche Farbe. Das Aussehen ist fehlerhaft.
> Fehlerbehaftet. Weniger Geld für den gleichen
> Gebrauchsnutzen, aber auch weniger perfekt. Die Zi-
> garre wird mit diesem Makel ausgezeichnet.

Fehler scheinen zumeist akzidentiell. Die Substanz wird als fehlerfrei vorgestellt.

Nur beim Teufel soll es umgekehrt sein. Deshalb auch greift die aus
den Tiefen unserer Tradition datierende Legende von der Erbsünde,
der grundsätzlichen Fehlerhaftigkeit der Welt und zumal der Menschen, zu kurz. Fehlerhaftigkeit und Verdorbenheit sind nicht das-
selbe.

Das Böse in seiner direktesten Form als Grausamkeit und Zerstö-
rungsdrang, als Lust am Töten, Quälen und Erniedrigen, ist möglicherweise prävalent, muss immer wieder eingedämmt und verhin-
dert werden, nicht weil es fehlerhaft ist, sondern weil es allererst
gemeinsam als fehlerhaft bestimmt werden muss.

Die Bedingung der Möglichkeit von Wahrheit definierte sich aus dem
Fehler, der zu vermeiden ist und gerade deshalb allererst den Raum
für alle Dualismen eröffnet. Am Anfang stünde so das Ende: der
Kreis schlösse sich um die Betroffenen, hielte sie in sich beschlossen
und ließe ihnen keine Alternative.

Ursache aller Fehler könnte auch aus dem Verlangen nach dem
Prinzipiellen entspringen – denn erst schließt es aus und dann dif-
famiert es das Ausgeschlossene. Es lebt nur von seinem unbedingten Anspruch auf sich und sein unbehelligtes, unbefragtes, unange-
fochtenes Selbst, auf ein Immer-noch-Mehr. Das „un-" klingt wie

Ungeziefer, Unkraut, Untier oder Ungenügend. Aus dem Bewusstsein dieses Mangels generiert sich der Versuch, das Vorhandene, das Eigene, so wie es ist, zumindest zu erhalten und gegen Alle und Alles zu sichern. Das Prinzipielle schleicht sich an dieser Stelle ein als die Grundlage aller Ansprüche – zumal derjenigen an Andere.

Der Makel, der offensichtliche Fehler, der sichtbare Fleck zieht Vermeidung als zentrale Strategie nach sich. Wieder ist aber das Makellose ohne den Makel nicht verständlich.

Absolute Makellosigkeit vermittelt oft das Bewusstsein, das irgendetwas fehlt – Langeweile stellt sich ein.

Andererseits ist das Fleckenbehaftete doch gerade das, was immer wieder nach Heilung verlangt. Vermeidungsstrategien scheinen dann unausweichlich. Das Richtige zu suchen, das Falsche zu brauchen und endlich das Ganze aus dem Blick zu verlieren, ist ein Prozess, der endlos sich selbst perpetuiert.

Zu vermeiden, was versteckt gewünscht wird, ist Alltag – es kann, was aus Erfahrung schlecht war, doch auch immer wieder Gegenstand eines Begehrens werden, das sich gegen den Rest der Welt stemmt.

Wunsch und Wille sind nicht unser, sie binden uns an das, was zu meiden ist und bestimmen so auch den Weg des Richtigen. So können wir vor uns selbst versagen.

Fehlt etwas? Fehlt dir was?
Der Mangel erscheint als
primum movens des Handelns.

Fehler und Fehlverhalten: Nur die Möglichkeit, Fehler zu begehen, kann Dinge in Ordnung bringen. Das Fehlverhalten in allen seinen verschiedenen Formen provoziert zu allererst den Versuch, eine als verletzt verstandene Reihung der Dinge wiederherzustellen, von der eigentlich nicht zu sagen ist, ob sie je wahr oder richtig war.

Wird der Fehler als Fehler betrachtet, nur für sich, so zeigt sich, dass er zwar immer ein Relationsbegriff ist, aber z. B. auch nicht identisch mit Lüge und Irrtum ist. Vielmehr liegt er ihnen zugrunde. An der Lüge ist es die täuschende Absicht, die sie aus dem Meer möglicher Irrtümer heraushebt, ein spezieller Zweck, den zu verfolgen uns geboten erscheint.

Der Fehler ist auch nicht die immer wieder auftretende Differenz des Mangels, sondern vorrangig gebunden an den Zweck, den zu verwirklichen wir durch ihn gehindert werden.

Der Fehler gilt als dumm. Dass man etwas so, in eben dieser bestimmten Weise, nicht machen könne, ist meist der Einwand gegen den Fehler. Dass man, was auch immer man will, doch machen könne, ist die Hoffnung der Freiheit, die sich im Fehler ihr Schlupfloch offen zu halten trachtet.

> Fehler gibt es meistens in der Vergangenheit,
> denn vorher weiß man selten, dass es einer
> wird.

Unter diesem Aspekt ist das Bewusstsein des Fehlers auch immer gebunden an Vorher und Nachher, ist ein Phänomen des Gedächtnisses und der Erinnerung. Und nur gerade in der Lückenhaftigkeit meiner Erinnerung bestünde dann die Möglichkeit, dem Zwang der Vergangenheit zu entkommen, zugleich Fehler allererst denkbar zu machen.

Das Gedächtnis, unzuverlässig als Speicher des Gewesenen und selektiv nach der Summe unserer Wünsche, Abneigungen und Ängste, stellt uns zumindest Fehler als zu vermeidende vor – wir sind immer schon mitten drin zwischen dem früher Falschen und später auch nicht Richtigen.

Auch und gerade im Irrtum (als dem vermeintlich unwissentlich sich vollziehenden Bruder des Fehlers) manifestiert sich der doppelte Anspruch des Richtigen und des Wahren. Ein Irrtum, das Falsche für das Richtige gehalten, ursprünglich nur als mein eigener vertan, wird zum Unwahren, zum zuweilen schrecklichen Fehler, sobald seine Folgen ein anderes Ich betreffen, ein anderes Richtiges entgegen haben.

Schuld ist die Folge. Gebunden an Wissen, an die ewige Differenz von Wissen und Gewusstem, entsteht die Gewissheit, dass mein Richtiges ebenso wahr ist wie ein anderes. Weil aber meines zu Lasten des anderen geht, desavouiert sich mein Richtiges endlich mir selbst gegenüber als das Falsche, als Fehler, den ich nicht von mir weisen kann, weil er eben Produkt meines Eigensten ist.

In der Schuld fallen das Richtige und das Wahre endlich zusammen – im Bewusstsein des Fehlers. Ich bin mir fremd in meinem Eigensten. Unverfügbar für mich, mache ich mich selbständig.

Am Ende tun wir dann das Falsche, das wir als unser eigenes Richtiges nicht mehr zur Verfügung haben: es ereignet sich die klassische Fehlleistung.

Irren ist menschlich.

Erst wenn ein Irrtum im Zusammenhang anderer möglicher (möglicherweise sogar mehrheitsfähiger) Irrtümer betrachtet wird, kommt er als solcher zur Geltung, wird zum Fehler. Er ist unschuldig, aber zuweilen auch tödlich und so einer der möglichen Ausgangspunkte von Wahrheit. Denn der finale Fehler bleibt schließlich unbezweifelbar.

Ordnung und Entropie, Unbestimmtheitsrelation und das Ende der
Kausalität, Gödels Theorem und der Versuch, Naturgesetze festzu-
zurren: das alles zeigt die hoffnungslose Heiterkeit einer unausweichlich fehlerhaften Verfassung unserer Welt gegenüber unserem
Anspruch auf das Richtige. Hier überwiegt die Wahrheit, dass uns
wohl auf Erden nicht zu helfen ist.

> Kant und das Prinzipielle: Fehler werden ausgemerzt.
> Die Verfestigung des Anspruchs auf Verallgemeiner-
> barkeit zum Prinzip generiert den Ausschluss aller
> Kontingenz als minderwertiger Abweichung. Ver-
> nünftigerweise kann nur fehlerfrei sein, was verallge-
> meinerungsfähig ist. Aus Achtung fürs Gesetz erstarrt
> die Welt in Richtigkeit, obwohl doch auch gerade
> Kant genau wusste, aus welch krummem Holze der
> Mensch geschnitzt ist. Insofern hat seine Prinzipien-
> festigkeit auch etwas Beschwörendes, versucht durch
> Ausschluss zu retten, was doch wahrscheinlich nicht
> zu retten ist: Das Zusammenfallen des Richtigen und
> des Wahren im Gesetzesbegriff. Denn das Einzeln-
> Inkommensurable zeigt sich am Ende immer wieder
> als Totalität.

Der Fehler ist das Ganze, ohne Alternative für uns, die wir Subjekte
sind und Objekte zugleich. Nur der Zufall kann retten, der sich
nicht um Subjekt oder Objekt schert. Information kann fließen, wo
sich Potentialunterschiede manifestieren

> Ciorans Behauptung, der grundsätzliche Fehler sei,
> dass überhaupt etwas ist, seine Wonnen des Schei-
> terns und seine Obsession nutzloser Wahrhaftigkeit
> leiden daran, dass unterstellt wird, wahr könne nur
> sein, was gescheitert ist. Der unendliche Leidenszu-
> sammenhang der Welt, den er und nicht erst seit
> Schopenhauer viele andere gedankenreich beklagen,
> ist, wenn er denn so allumfassend ist, nicht aufzubre-
> chen. Hegels Konstruktionsprinzip des Absoluten
> greift auch hier: ist das Absolute gedacht als das Al-

lumgreifende, dann ist es auch nicht zu transzendie-
ren und artikuliert sich noch im heftigsten Widerspruch nur selbst.

Der allumfassende Leidens- und Scheiternszusam-
menhang kann sich am Ende nur gegen sich selbst
wenden und sich damit selbst reproduzieren. Selbst in
der entschiedensten Negation des Leidens ist dies
doch das primum movens, der unbewegte Beweger.
Es ist vielleicht nur der Entschluss zur Negation, der
zählt, nicht achtend der Unmöglichkeit, mehrheitsfähig oder gar widerspruchsfrei zu sein.

"I'm a failure, and that is that". Das Versagen birgt zumindest die
Möglichkeit der Verbesserung. Der Versager weiß meist um seinen
Platz, der ihm zugewiesen ist von allen, die reüssierten, und er kann
sich in den meisten Fällen eigentlich nur verbessern. Verschlechterte
er den Status seiner Fehlerhaftigkeit, würde das Etikett nur deutlicher, aber nicht grundsätzlich anders. Versuchte er sich weiterem
Versagen durch den Tod zu entziehen, wäre seine Fehlerhaftigkeit
umfassend geworden. Man hätte es zumeist immer schon gewusst.

> Der Tod als Fehler schlechthin
> ist unverzeihlich.

Unkorrigierbar, mutiert das Sterben nur im „dulce et decorum est"
zum Richtigen, das doch ausschließlich möglicher Überbevölkerung
entgegenwirkt. Vielleicht also wirklich das Richtige für eine Welt,
in der die Nahrung nie für alle gleichermaßen reicht.

Die zu dieser Bitterkeit passenden Erkenntnisse sind
schon älter: „Dies irae, dies illa, solvet saeclum in fa-
villa." Und schließlich „Pulvis, cinis et nihil." Weil am
Ende keine Missverständnisse und Irrtümer mehr
möglich sind, wird auch der Fehler unheilbar.

So verabsolutiert, wird der Fehler richtig, lässt kein anderes mehr zu
– vielleicht ist das auch ein spezifisch deutsches Problem.

„Was lieben diese Menschen den Tod!" Der französische Ministerpräsident Clemenceau soll das über die Deutschen gesagt haben. „Ich möcht' am liebsten sterben, da wär's auf einmal still." So sangen wir im Lied vom kühlen Grunde.

Und der hat bekanntlich eine Doppelbedeutung – sattsam bekannt aus Kinderzeiten, wo dem Kind bedeutet wurde, dass es aus diesem oder jenem kühlen Grunde nicht dürfe, was es wollte.

Dies ausgeprägte Gefühl für den Tod ist im Deutschen nicht erst seit dem industriellen Massenmord an mehreren Millionen Mitmenschen Bestandteil unseres Alltags, ist immer mitgedacht bei Vaterland, Heimat, Zuhause. Unsere Heimat, die der Deutschen, kann nicht fehlerfrei sein.

Tucholsky hat geschrieben: „Ja, wir lieben dieses Land." In Schweden hat er sich dann aus diesem und vielen anderen nicht mehr zu benennenden Gründen umgebracht.

Heimat fehlerlos, das Paradies ist der Ort, wo kein Fehler möglich ist.

Die Seiten des Glückes seien leere Seiten im Buch der Weltgeschichte, schrieb Hegel. Nicht etwa deshalb, weil sie inhaltslos wären, sondern weil sie kein Moment der Entwicklung enthalten. Das Richtige, wenn es sich denn im Glück je fände, will ja nur bei sich selbst bleiben und untergräbt sich so jede Möglichkeit der Entwicklung oder auch nur des Weiterbestandes.

Trotz und wegen aller Einsicht ist das nicht endende Bedürfnis nach dem Richtigen gerade für meine Fehler nicht zu stillen. Denn nur in meinen Fehlern, im wirklich sattsam Bekannten, bin ich wahrhaft bei mir und will doch endlich außer mir sein.

Das fehlerbehaftete Paradies der nördlichen, gemäßigten Zonen, in dem wir Bücherleser und Weintrinker uns täglich vom daunengeschützten Nachtlager erheben, hält Schlangen, Äpfel und Erkenntnisse der verschiedensten Art bereit, versorgt uns auf weitgehend automatisierte Weise mit dem Nötigsten wie auch mit vielerlei Unnötigem. Es ist nicht gerade so, dass uns die gebratenen Tauben in den Mund flögen und die Schweine mit Messer und Gabel im Rücken vorbeikämen, um sich anschneiden und aufessen zu lassen.

Aber wir können immerhin danach fragen, ob nicht das Paradies nahe ist.

> In unterschiedlichen Erwartungshorizonten hat
> auch die Hölle ihre angenehmen Seiten: Sie gilt
> als überaus gut geheizt.

Doch die Bilder von Paradies und Hölle sind ja am Ende nur Metaphern für Anfangs- wie Endlosigkeit. Ohne Woher und Wohin stellen wir Fragen, die so wie sie sind wohl immer unbeantwortet bleiben müssen. Aber wir mögen nicht lernen, dass sie vielleicht falsch gestellt sind. Denn hinter der möglicherweise falsch gestellten Frage steht immer ein konkreter Mangel, der sich artikulieren möchte, steht eine Differenz, vielleicht die zwischen dem Wahren und dem Richtigen, vielleicht ein andere – sie im Nachhinein zu bestimmen, hilft nicht in jedem Fall sie aufzuheben.

Der Fehler ist das Ganze.

> Zum Beispiel Theodizee und Freiheit – der Fehler ist
> entweder bei Gott oder in mir: Bin ich Gott? Ist mein
> Bestehen auf den Möglichkeiten meiner Wirklichkeit
> die Freiheit, die alle Fehler möglich macht und deshalb mein unmittelbarstes Recht ist? Wurde so die
> Welt erschaffen, wie sie sich in den verschiedensten
> Köpfen generiert?
>
> „Wenn kein Gott im Himmel ist, sind wir selber Götter."

Ohne die Möglichkeit des Fehlers gibt es auch nicht die Möglichkeit ihn zu wollen. Freiheit als Möglichkeit des primum movens ist gebunden eben nur an dieses Können, ohne wollen zu müssen. Es spielt keine Rolle, ob wir dabei gewollt werden oder ob wir selber den Anfang setzen. Wichtig ist, dass Neues entsteht.

Warum überhaupt etwas sei und nicht vielmehr Nichts? Weil dem nahe Liegenden, das sich als das Wahre anbietet, meistens Anderes zu Grunde liegt – das vorrangige Bewusstsein, dass Fehler zu vermeiden sind.

„Entzweiung ist der Quell des Bedürfnisses der Philosophie und als Bildung des Zeitalters die unfreie gegebene Seite der Gestalt."

Doch diese Entzweiung hat keine Einheit zum Grunde, das Bedürfnis als die Aktualität von Mangel ist basal.

Nur um keinen Fehler zu machen, habe ich meine Welt in Gang gesetzt, habe den Zusammenhang des sattsam Vertrauten verlassen. Der Fehler ist älter als meine Welt.

## Var. 10: **Die Segnungen der Erfahrung oder das Paradies aus der Steckdose**

Common Sense und Alltagserfahrung lehren uns öfters, dass wir uns vorkommen müssten wie die Vögel unter dem Himmel: wir säen nicht und ernten nicht, werden aber trotzdem satt.

Es ist nicht gerade unser himmlischer Vater, der sich hierum kümmert, sondern eher die Lebensmittelindustrie, und wir wissen auch, dass andere dafür säen und ernten müssen (wenn's denn optimal läuft). Aber das dergestalt paradiesähnliche Leben hat so manch angenehme Seite.

Belehrt durch die Erfahrung, dass „satt, sauber und zufrieden" besser ist als aller Mangel, alle Negativität dessen was fehlt, vertrauen wir in die Stabilität unserer Vergangenheiten. Die Beständigkeit des Bestehenden hat einen schier unwiderstehlichen Charme.

Erstklassiges Trinkwasser fließt aus der Wand, beheizte und beleuchtete Behausungen simulieren uns Sonnentage in kalten Nächten, wir können alle Tage Gesottenes und Gebratenes essen. Milch und Honig haben wir im Überfluss. Und wenn wir nicht gestorben sind, dann leben wir noch heute. Märchenhaft gut.

> Besteht das gute Leben einfach darin, nicht vergewaltigt, gefoltert oder ermordet zu werden, nicht zu ertrinken, zu erfrieren, zu verhungern oder zu verdursten?

Alle wollen wir leben wie wir, alle Tage. Ein kleines Paradies wollen wir alle, wirklich alle, und wir wollen es meistens jetzt und für alle Zukunft. Paradise now – wir leben zwischen den Apokalypsen. Am liebsten hätten wir die Zusage für unser Paradies schriftlich, mit Bestätigung ganz von oben.

Erkenntnisse wie diese sind aus der Erfahrung gewonnen, zeigen die Nützlichkeit des aus dem mehrfach Erlebten gefilterten Allgemeinen.

Wir fügen diese Erkenntnisse in Sätze ein, in denen Subjekte und Prädikate als zueinandergehörige verknüpft werden und generieren so unsere Wirklichkeit als überschaubaren Zusammenhang der Erscheinungen. Drei Pfund Rindfleisch geben eine gute Suppe.

> Synthetische Sätze a posteriori nannte das Kant: „Erfahrung ist selbst nichts anders, als eine kontinuierliche Zusammenfügung der Wahrnehmungen."

Erfahrung will Kontinuität. Wenigstens das als vergangen Erlebte soll den Blick auf später verstetigen helfen.

Was gesättigt hat, war gut und wo Schutz war, können wir bleiben. Aus dem Richtigen wird so schnell Wahres und dann das Falsche, das nicht mehr allen genügt, aus den Einzelnen nicht mehr zu legitimieren ist.

Was sich in Erfahrung gemütlich einrichtet, verschließt sich in sich selbst im Kurzschluss zwischen Vergangenheit und Zukunft im Bemühen, Gegenwart zu verstetigen.

Mut ist gegen alle Erfahrung.
Kontrafaktisches hat keinen Zweck.

Zwecke binden Anfang und Ende zusammen, versuchen abzuschließen gegen den Wind der Unberechenbarkeiten. In der Zwecksetzung entwerfe ich eine andere Welt als die bestehende und binde mich zugleich an meinen eigenen Entwurf von Zukunft. Der Rahmen des Möglichen wird erweitert durch einen Entwurf von Zukunft und zugleich eingeschränkt auf das wirklich Mögliche.

Alles zweckgebundene Handeln schließt Optionen aus, in dem es die eine, jeweils intendierte zu realisieren trachtet. Indem es mein

Richtiges vorstellt, eignet es mir die Welt an. Erst im Vollzug der Realisierung meiner Zwecke wird das Wahre sichtbar als dasjenige, was in den Zwecken anderer Zukunft ist.

Im Rückbezug, im Blick zurück aus dem Futur II auf alle, die Zwecke zu realisieren trachten, scheint gemeinsame Realität auf als Aufgabe. Wahrheit hätte so auch eine Bedingung ihrer Möglichkeit in der Verbindung der Vielen zur Realisierung von Zwecken.

Das Richtige bliebe außen vor in diesem Zusammenhang: das Gefühl des Behagens im Alltag des aufgeklärten Kapitalismus, den Bauch voll schmackhafter Speisen, der kalte Wind des Zeitalters ausgesperrt und Sozial- wie Krankenfürsorge für den Notfall noch ein wenig gesichert. Kleinbürgerliches Glück eben, der Traum der letzten Menschen, der zwar Mehrheitsstatuts hat bei uns, aber eben global nicht mehrheitsfähig ist.

Richtig wäre es vielleicht schon, aber ob es je wahrheitsfähig wird? Denn spätestens an dieser Stelle zeigt sich, dass Wahrheitsfähigkeit eben auch in einem dezidierten Sinn mit Realität zu tun hat – diese nun verstanden als die Summe derjenigen Sachverhalte, die sich endlich herausgearbeitet hat aus dem ganzen Wust von Vergangenheit, Erinnerung, Fehlern, Erwartungen und Vermeidungsstrategien.

Der landläufige Begriff des Realismus hat mit Realität kaum etwas gemein, denn er versucht, genau das auszublenden, was ihr Spezifikum ist: Ausnahmefall zu sein im Universum der Möglichkeiten.

In dem, was wir als Realität erfahren, zeigt sich alles, was unser Leben ausmacht: Wünsche und Hoffnungen, Ängste und Lügen, Irrtümer und Gewissheiten. Indem Realität so immer an mich und andere gebunden ist, ist sie zugleich meine je eigene und das Ergebnis kollektiver Abstraktion vom je eigenen.

In dem, was wir als Realität erfahren, ballt sich alles zusammen, was nicht mehrheitsfähig ist, was keine Wahrheit haben kann und was doch allen eigen ist. Die Empfindung von Realität will bei sich bleiben, will nichts anderes als sich selbst und gibt deshalb Allgemeingültigkeit vor. Ihr Schutz ist die Gemeinsamkeit der Zeichen. Dieser Schutz wird ubiquitär im Zeichen der Warenzeichen.

### Var. 11: Staunen und Sprache, die Lügen und die Wirklichkeiten – Recht haben!

Das Staunen ist die Reaktion auf das nicht Erwartete, aber auch nicht primär Bedrohliche. Es ist nur für sich. Ungesichert, voll Ungewissheit entsteht im Staunen die Notwendigkeit nach Rückversicherung, nach der Bestätigung der im Staunen entstandenen Wirklichkeit. Wir fangen an zu fragen, zu sprechen.

Die Sprache versteht sich als Ort der Wahrheit. Nur im Bezugssystem von Urteilen und Sätzen lassen sich Wahres und Unwahres sondern und werden so allererst möglich.

Insofern hat die Wahrheit immer auch etwas Belangloses, Nachrangiges: sie bleibt prima vista folgenlos, ohne eigenes Recht, weil ohne Sanktion.

Im bedeutungsschwangeren, aber haltlosen Spiel der Sprache konvergieren Regelgehorsam und Regelkonformität zum Prozess interesseloser Form.

Die Lüge ist manchmal nicht zu ermitteln: eine gute Geschichte gilt leicht für wahr.

Andererseits entfalten sich erst im sprachlichen Raum diejenigen Strukturen, die unser lebendiges Da- und Sosein prägen – das Leben

in Gemeinschaft mit Sprachfähigen und Sprachlosen, das unser all-
tägliches Leben und Sterben gestaltet.

Wir tauschen und teilen Zeichen, leben in Bedeutungszusammen-
hängen, die sich manchmal gegenseitig überlappen und stabilisieren.
Zuweilen sind diese Sprachformen auch das Gefängnis, in dem unser Leben zwischen den Mauern der Grammatik eingesperrt bleibt
und nur durch das Gitterfenster der Regelverletzung ins Offene zu
kommen hoffen darf.

> Wahrheit und Unwahrheit sind auch und gerade in
> der nonverbalen Kommunikation möglich. Die alte
> Geschichte vom Judaskuss macht dies deutlich. Al-
> lerdings vor allem ex negativo. Belege für die Wahr-
> heit nonverbaler Kommunikation sind schwer zu
> erbringen, sie wäre ja immer sprachlich verfasst.

> Nur die nonverbale Lüge ist uns immer wieder so
> deutlich.

Es wird deutlich, dass der Zwang des besseren Arguments kein in-
nersprachlicher ist.

Das Wahre, das sich in ihm ankündigt, hat einen anderen Grund: es
leitet sich aus Macht her, ist verschlungen in den Verwicklungen des
mehrheitlich alltäglich Richtigen und reproduziert es als das einzig
Mehrheitsfähige. Es verspricht Macht, verstanden als das sozial
sanktionierte Überleben auch gegen alle anderen, die denselben Anspruch erheben.

Mehrheitsfähigkeit kippt an dieser Stelle – Selbsterhaltung als Prinzip kehrt sich gegen alle anderen, die sich gegen mich erhalten müssen und damit letztlich gegen sich selbst.

> Nach Worten zu ringen gleicht
> dem Versuch der Selbst- und zugleich
> Fremdbemächtigung.

Auch Sprache kippt, wird vom Medium zur Form. Die sprachliche Verfasstheit unserer Wirklichkeitserfahrung zwingt uns eine Logik auf, die an Subjekt und Prädikat, Substanz und Akzidenz orientiert ist: Zucker ist süß, Scheiße stinkt, Gott ist groß.

> „Ich fürchte, wir werden Gott nicht los, weil wir noch
> an die Grammatik glauben…"

Doch Wirklichkeit ist nicht nur, was sich sprachlich verfasst findet. Das Sprachlose, das Unsagbare ist von zuweilen größerer Wirksamkeit und auch gemeinschaftlicher Effizienz als alles sprachlich Mögliche.

Wirklichkeit entfaltet sich, indem sie als solche wahrgenommen wird, indem sie Wirkung zeitigt erst auf mich, dann auf uns, dann auf viele und manchmal sogar auf alle.

Der Tod ist die Wirklichkeit schlechthin, denn er trifft alle, aber in dieser Form bleibt er abstrakt. Mein Sterben oder das eines mir Nahestehenden hat mehr Wirklichkeit, weil weniger Distanz.

Wirklichkeit ist immer Prozess, ein Ineinander von Wirken und gewirkt Haben, von Bewirktwerden und Bewirktwordensein.

Nicht Wirkliches und Unwirkliches sind das verschwisterte Paar der Antonyme, sondern Wirklichkeit und Möglichkeit.

Möglichkeit selbst scheint gebunden an die Summe der Bedingungen, die gegeben sein müssen, damit aus der blanken Potentialität etwas resultiert.

Dagegen steht die ihrer selbst bewusste Potentialität als Schein der Unbedingtheit.

Freiheit als der unbedingte Anspruch auf Negation kann nicht bei sich bleiben. Sie braucht das Außer-Sich.

Der Zwang, das Eigene in der Weise des jeweils als richtig Geltenden zu äußern, um es zu stabilisieren, Kontinuität möglich zu machen, generiert die Notwendigkeit einer Externalisierung des Gedächtnisses.

Schriftlichkeit kann den Status quo festschreiben, kann aber auch einen Status vortäuschen. Was Lüge im direkten Umgang nicht kann – Beständigkeit des nicht Mehrheitsfähigen mehrheitsfähig zu machen – kann eben Schriftlichkeit.

> Erst hier entstehen wirklich alle Bedingungen der Möglichkeit von Lüge par excellence. Lügen wie gedruckt heißt doch wohl, dass das Mehrheitsfähige sich selbst verkehrt: Öffentlich gemachtes nicht mehrheitsfähiges Eigenes prätendiert eben die Mehrheitsfähigkeit.

> Die Lüge erscheint als das Richtige in unwahrer, nicht verallgemeinerungsfähiger Form: in täuschender Absicht das Falsche sagen. Lüge lebt von der Anerkennung der Wahrheit als einer zugänglichen Orientierungsgröße.

Wirklichkeit, als allgemeine bestimmt, ist immer Lüge, denn sie täuscht Allgemeinverbindlichkeit vor, obwohl sie doch zuallererst immer nur meine ist.

Wenn aber meine Wirklichkeit und die aller anderen Lüge ist, ist sie zugleich auch wieder Wahrheit als dasjenige, was für alle gilt.

Wirklichkeit ist dann aber auch wieder das Ganze, das wir nicht mehr vorstellen, geschweige denn denken können. Es umfasst uns, trägt nichts, garantiert nichts und wirkt doch gewaltig auf alle einzelnen.

In der Vereinzelung der Individuen gibt Wirklichkeit allen das Gleiche und keinem das Seine. Mein je Richtiges bleibt außen vor, obwohl es doch gerade meine Wirklichkeit ausmacht und vielleicht Anlass von Lügen war.

So behalte ich behalte schließlich immer Recht, ohne dass doch das Rechte aus dem jeweils Richtigen sich entwickeln könnte als eine der möglichen Erscheinungsformen von Wahrheit.

Und da andererseits eben in der Sprache genau dieser Anspruch auf das Richtige für Alle beschlossen ist (denn nur aus ihm könnte sich z. B. die Leistungsfähigkeit von Allgemeinbegriffen legitimieren), entsteht hier auch die Selbstgerechtigkeit der Sprache, die, nur ihren eigenen Gesetzen folgend, wahre Wirklichkeiten generiert, die das als je eigen Richtiges Erfahrene zurichten und so die Welt aufteilt in Böcke und Schafe.

## Var. 12: **Böse und Schlecht**

Ist das Böse nur ein Mangel, dem abzuhelfen wäre, oder hat es eigene Qualität?

Eine alte Frage, die immer wieder dann hochkocht, wenn Grausamkeit im Spiel ist, Lust am Leiden anderer. Gewalt, Grausamkeit, das Bedürfnis, zu verletzen, das Eigenste anderer zu quälen und zu zerstören: Immer ist auch mein Richtiges dabei, das unabweisbare Bedürfnis, in der Ausübung von Macht  die Mehrheitsfähigkeit des eigensten Wollens zu zwingen. Widerstand kann nicht geduldet werden, nur in der Vernichtung des anderen Selbst findet das Eigene Sicherheit.

Manche wollen diese Gewalttätigkeit immer. Wir alle wollen sie zuweilen. Aber es kann doch nichts Wahres dran an der Gewalt sein, denn sie trifft uns selbst immer wieder nur als Einzelne. Auch Millionen Geschundener, Ermordeter sind allererst Einzelne, Individuen.

Selbst wenn Gewalt, Folter oder Mord das Eigenste der Opfer zerstören, selbst und gerade als Millionen Opfer, die alle Tage neu geschunden werden, sind sie Millionen Einzelne, die Vergangenheit und ihr jeweils Richtiges gegen alle Mehrheit hatten.

Gewalt kehrt zu mir zurück, weil ich sie herausgelassen habe um meinetwillen, weil ich sie gewollt habe. Wie ist sie dann um meiner selbst Willen zu bändigen?

Der Einfluss auf das Lernverhalten ist gefragt, die schwierige Gratwanderung zwischen sozialer Kontrolle und Akzeptanz des jeweils eigen-fremden Getriebenseins.

Normen des Verhaltens, die regulierend und stabilisierend wirken, die Gesellschaftlichkeit und damit Überlebenschancen der Einzelnen stärken, sind verankert in der Mehrheit und in den Einzelnen. Sie sind immer nur Schnittstelle des Richtigen und des Wahren.

> Ein schwerst missgebildetes, totes Neugeborenes nach der Geburt im Kreißsaal in den Tretmülleimer zu werfen, ist eine Sache. Es zu Demonstrationszwecken für Auszubildende immer wieder an den Beinen herauszuholen, um es nach je gehabter Besichtigung erneut darin zu verwahren: das ist eine andere.

Frei nach Nietzsche: Grausamkeit hat ja so viel Festliches…

Das Böse ist immer das, was mir und den Meinen geschieht, wenn es Schaden zufügt. Ob es recht oder unrecht ist, spielt dabei erst dann eine Rolle, wenn das Richtige und das Gerechte als Bezugsgrößen ins Spiel kommen. Und wer die Meinen sind, entscheidet spätestens seit der Machtübernahme des Christentums der hypertrophe Bezug zur Großgruppe Mensch.

Aber genau dann müssen wird diese Unterscheidung todernst nehmen: es beginnt notwendig die Unterscheidung von Nichtmenschen und Menschen. Und zugleich taucht die Notwendigkeit auf, eben diese Unterscheidung strikt zu verbieten. Denn hier zu trennen, wäre schlecht, hieße, das Ziel aus bestem Willen zu verlieren – das Ziel, das doch, wenn es überhaupt zu sagen wäre, hieße, Leiden zu mindern. Denn gelingt dies, sind das Richtige und das Wahre – einmal wenigstens – beieinander, ohne sich sofort wieder in Widerspruch zu setzen.

Ein Ziel, das zugleich Ausgangspunkt und Ende, primum movens und summum bonum hätte sein können.

Wenn wir es nicht aus der Hand gegeben hätten im steten Bemühen um Allgemeingültigkeit: das so genannte Gute zu institutionalisieren und aus der schwierigen Dialektik des Bewusstseins von Selbst- und Fremdbestimmung eine einfache Folie von Herrschaft zu machen, die alle Einzelnen in ein Paket schnürt, ohne sie wirksam zu verbinden.

Verbinden kann ja Mehreres bedeuten: Verletzungen zu lindern, Gemeinschaftlichkeit ohne Verlust des Eigenen zu stiften und aus dieser Gemeinschaftlichkeit heraus auch sich selbst verbunden, d.h. verpflichtet zu wissen.

## Da capo

> Gehe zurück auf Los und
> ziehe nicht 4000 Taler ein.

Alles wird enden oder hat schon geendet. Alles, was ist, hat ange-
fangen. Alles fängt am Ende von irgendetwas an. Selbst die Zeit, die
Anfang und Ende erst möglich macht, endet mit der Möglichkeit
des Raums, beide begannen und endeten miteinander

Hieraus Schlüsse ziehen zu wollen, drängt sich auf, erfordert aber
auch Zurückhaltung in der Beurteilung. All-Sätze sind logisch kaum
zu bewältigen. Auch, weil die Fragen immer wieder kommen, obwohl schon Antworten da sind aus mehr als 2500 Jahren, obwohl
wir einige dieser Antworten immer noch und immer wieder repetie-
ren. Was ist Wahrheit, soll einer, so wird es überliefert, gefragt haben. Und der, der es nach eigener Aussage doch hätte wissen müssen, hat eben diese Nachfrage angeblich unbeantwortet gelassen.

Einige sagen, die Wahrheit ereigne sich und werde nicht ermittelt.
So wäre sie dann  immer richtig und unverfügbar. Aber eben nur
denjenigen, die sie dafür erkennen. Die Ermittlung von Wahrheit ist
seit der griechischen Klassik Sache gemeinsamer Bemühung.  Und
das ist wohl auch gut so.

Es könnte aber auch heißen, differenten Bewusstseinsinhalten ver-
suchsweise einen als solchen wahrgenommenen Zusammenhang zu
unterlegen und ihn auf ein erkennbares, reproduzierbares und damit
auch kommunizierbares Muster  zu prüfen.

Der Prozess dieses Prüfens begleitet uns alle Tage, ist immer wieder
unerlässlich, auch, um das Überleben zu sichern. Und so fangen
immer wieder von vorne an.

Am Ende aller Prüfung sollen doch Gewissheit stehen und Wissen, jene als der Ausdruck des Richtigen und diese als Grund aller Möglichkeit von Verbindlichkeit.

Das Projekt „Wissen" wäre so gescheitert: Sicheres Unterscheiden und Wiederzusammensetzen, die wir mit potentiell allen teilen können. Solange es immer wieder eines Beweises bedarf, kann es sich nicht zweifelsfrei halten. Der Satz: „Ich weiß, was ich weiß!" heißt doch nur, dass ich weiß, was ich weiß, sagt aber über eben dieses Wissen gar nichts, auch nicht, dass diesem Gewussten irgend etwas entspräche. Nur das Wissen selbst glaubte, bei sich bleiben zu können.

Wissen, das von sich selbst weiß, muss dagegen immer Prozess sein, der stete Versuch, die unaufhebbare Differenz von Bild und Abgebildetem zu überwinden innerhalb einer gewollten Kontinuität der Erscheinungen. Dies Wissen ist immer gebunden an denjenigen Stand der Dinge, den wir als Wirklichkeit erfahren wollen.

> „Man wird oft von einem Wort behext. Z. B. vom
> Wort "wissen"".

Verstehen wir diesen Zusammenhang, glauben wir ihn beherrschen zu können. Wer am besten zu verstehen meint, herrscht vielleicht auch am wirksamsten. Deutungshoheit ist ziemlich zu hoch.

> „Was ist der Beweis dafür, daß ich etwas weiß? Doch
> gewiß nicht, dass ich sage, ich wisse es."

## *Rondo allegro:*
## *Mit dem Anfang anfangen*

> Und jedem Anfang wohnt ein Zauber inne,
> Der uns beschützt und der uns hilft zu leben.
> > Die gute Zauberfee
> > hat wohl zuweilen ihre schlechten Tage.

Mit dem Anfang anzufangen, heißt auch, mindestens **ein** Ende schon hinter sich zu haben. Denn Anfang ist immer auch Fortführung dessen, was war, bevor wir anfingen. Und ein Ende haben wir vor den Anfang gesetzt, bevor wir uns entschlossen, ihn zu machen.

Wenn Worte reden könnten, wäre vieles einfacher.

Der Anfang einer Geschichte ist immer vorn. Oder oben. Im Abendland, dem christlichen, meist ein bisschen rechts vom linken Rand, ein bisschen unterhalb von ganz oben. Also eher ein bisschen in der Mitte.

> Der Anfang einer Geschichte ist immer ein bisschen mittendrin.

> > Oder so.

Weil wir nicht ganz neu anfangen können. Weder mit dem Leben noch mit dem Schreiben. Leben heißt immer schon: geboren sein. Schreiben heißt, an Geschriebenem gelernt zu haben.

Mit genetischem Gepäck treten wir unsern Gang an. Und mit kulturellem. Sozusagen mit einem evolutiven Rucksack, voll der Entwicklung, die an unserer Spezies geschehen ist und die sie an sich vollzogen hat.

Der Anfang einer Geschichte ist einer mit Geschichte im Rucksack. Zum Anfang einer Geschichte gehören also Geschichte und Rucksack.

Was Geschichte ist, steht nicht in Büchern. Es steht und fällt mit uns. Was ein Rucksack ist, kann man leichter klären: ein Sack auf dem Rücken. Der Vorräte enthält, Mitgebrachtes, das uns auf dem Weg ins Schwitzen bringt, und wenn es weg ist, fehlt. Wir sollten deshalb vor Beginn unserer Geschichte unseren Rucksack auspacken und sehen, was darin ist. Das meiste werden wir gar nicht erkennen. Aber von einigem werden wir wissen, wozu es uns und unserer Geschichte gut ist. Nun müssen wir uns nur noch entscheiden, ob wir sie brauchen wollen oder nicht. Wenn ja, ist es dabei, beim Anfang unserer Geschichte.

Wenn nein, sollten wir versuchen, es aus unserem Rucksack hinaus zu werfen.

Wenn wir das können. Denn einiges begleitet uns nicht wie ein Rucksack, den wir abnehmen können, sondern wie ein Buckel. Wir wären ihn gern los, aber er gehört auch zu uns – wir wären andere ohne ihn.

Wir beginnen immer wieder von vorn. Bei den einfachen Fragen, die so viele Antworten nach sich ziehen. Bei denjenigen Fragen, von deren Antwort im praktischen Leben kaum etwas abhängt. Oder alles.

Immer wieder von neuem beginnen zu müssen, könnte qualvoll sein.

> Sisyphos hätte wohl ein Lied davon zu singen gewusst, wenn ihm der Mythos die Fähigkeit zu singen gegeben hätte.

Aber unverdrossen, unverzagt und ohne müde zu werden den Widerspruch nicht aufzugeben: das wäre dann so etwas wie Ehrlichkeit. Mir selbst und der Sache gegenüber, mir selbst und allen gegenüber, die an Wahrheit und auch an ihrem Richtigen interessiert sind.

«Il faut imaginer Sisyphe heureux.»

Vielleicht pfeift er auf dem Weg bergauf wenigstens ein Lied. Und singt laut, wenn er unten seinen Stein wieder aufnimmt, seinen Weg beginnt, von dem er weiß, dass er kreisförmig sein wird, singt einen Kehrreim, dessen Ende zugleich den Anfang abgibt.

## *Postludium: Coda*

Im Selbstmitleid entfaltet sich  die notwendige Spaltung meines Bewusstseins: Was ich gern als mein Richtiges für wahr gehabt hätte, fand nicht statt. Ich muss zwei sein, und beide haben keine Freude aneinander.

> „Ist dies etwa der Tod?" fragten Eichendorff und Richard Strauß am Ende der Vier Letzen Lieder. Es ist zu schön, um wahr zu sein – ein Richtiges, das sich im Rückgriff auf abgelebte Gestalten des Wahren einen Himmel beschwört. Glühende Dreiklänge allein hatten nicht die Kraft, die Ruinen Europas zu heilen. Die Erinnerung an eigenes Erleben, das musikalische Selbstzitat am Ende des Liedes greifen vor auf das eigene Sterben, ohne es als das zu nehmen, was es ist: Das Ende von Zukunft, als Dekonstruktion aller Sinnzusammenhänge.

Selbstmitleid auf höchstem Niveau kann das Gefühl vermitteln, mittendrin zu sein in dem, was wir für das Allgemeingültige halten. Wir verleihen dem Verlust des Eigenen die Aura höherer Zweckhaftigkeit, entwickeln ihn zu hoher Differenziertheit zu entwickeln und können ihn so im Schein einer gelungenen Synthese leuchten lassen.

Der gleichzeitige Verlust des Allgemeingültigen und Richtigen kann dazu führen, dass wir dem Einzigen, mit dem wir noch Mitleid haben, ein Ende bereiten. Das Eigene hebt sich auf in dem Versuch, ganz nur bei sich zu werden.

Über die Erkenntnis der Unmöglichkeit, das Richtige und das Wahre zusammenzubringen, bleibt nur Mitleid mit beiden. Mit uns und mit jeweils mir.

> In älteren Nachschlagewerken hieß es
> Spaltungsirresein; multiple Persönlichkeit
> heißt es heute - oder es ist nur der alltägli-
> che Wahnsinn: das Gespinst von Identität
> zerreißt.

Sind wir immer, weil auf Wahrheit verwiesen,  an das Eigene gebunden (die vielen Wirklichkeiten eben)? Die lang ersehnte authen-
tische Persönlichkeit, das Einssein mit uns, ist wohl nichts anderes
als der mit Kraft und Zweifelsfreiheit betriebene Versuch, auszublenden, was im Interesse des je Richtigen falsch sein könnte und
nachher nach Wahrheit zu fragen. Und das dann wieder neu als
richtig Bestimmte unverdrossen anzugehen.

> „Es ist dies eine zu große Zärtlichkeit für die Welt,
> von ihr den Widerspruch zu entfernen, ihn dagegen
> in den Geist, in die Vernunft zu verlegen und darin
> unaufgelöst bestehen zu lassen. In der Tat ist es der
> Geist, der so stark ist, den Widerspruch ertragen zu
> können, aber er ist es auch, der ihn aufzulösen weiß.
> Die sogenannte Welt aber (sie heiße objektive, reale
> Welt oder, nach dem transzendentalen Idealismus,
> subjektives Anschauen und durch die Verstandeska-
> tegorie bestimmte Sinnlichkeit) entbehrt darum des
> Widerspruchs nicht und nirgends, vermag ihn aber
> nicht zu ertragen und ist darum dem Entstehen und
> Vergehen preisgegeben."

Entstehen und Vergehen sind keine Momente eines übergreifenden
Zusammenhangs, sondern vereinzelt, nur für sich erfahrbar. Das
Richtige, das Wahre, das Unrichtige und das Unwahre haben keinen
gemeinsamen Ort.

> Fast 200 Jahre nach Hegel können wir den Widerspruch nur leben, nicht als Geist organisieren oder sonst auf Flaschen ziehen.

Das Richtige scheint im Reflex auf. Gegen das als Unrichtig für wahr Genommene, unbekümmert um Wahrheit und Mehrheitsfähigkeit, immer in Gefahr, in Gewalt, Kitsch oder andere Unstimmigkeiten umzukippen.

> „Der Eigensinn ist die Freiheit, die an eine Einzelheit sich befestigt und innerhalb der Knechtschaft steht (…)" Man soll Hegel nicht wie einen toten Hund behandeln, auch wenn er möglicherweise irrte. Der Widerspruch ist das weder mit sich selbst noch mit Anderem Identische, das sich doch als solches nicht aufgeben mag – der Trotz und der Eigensinn sind zugleich Ausdruck äußerster Vereinzelung und jeder Möglichkeit der Wahren wie des Richtigen.

Sprachlos werde ich und beharre doch auf mir. Die Wahrheit der Gewissheit meiner selbst steht mir nicht zu Gebote, genauso wenig wie uns das ganze große Programm, das danach kam, noch irgend möglich ist.

Das Bewusstsein des Mangels, dass nämlich das Richtige ebenso wenig wie das Wahre durch uns zu bewirken sind, scheint auf als Grund. Er kann nichts begründen, verweist nur noch auf sich selbst und eben dieser Verweis, Fichte wusste es ebenso wie Schelling und Hegel, setzt den Reflexionsapparat in Gang.

Was uns fehlt, ist durch uns nicht zu bewirken.

Ohnmacht wäre die Konsequenz, wenn es nicht die Freiheit zum Unvorhersehbaren gäbe, den Fehler und den Zufall.

Und es gibt den immer wiederkehrenden Spaß, das Unerforschliche in Ruhe zu veralbern.

## *Frucht- und Dornenstücke*

Die Wirkung, die der Blick von einer Höhe in ein sonnenüberschie-
nenes Land hervorruft, kann als richtig und wahr zugleich erfahren
werden. Auch wenn ein Gespräch über Bäume als potentielles
Verbrechen gelten mochte, bleibt „das Gefühl unserer unersetzli-
chen Unschuld", einer Unschuld, die sich gegenüber keine Schuld
mehr hat, die nicht kommunizierbar ist.

Denn es sind immer mein Land und meine Sonne. In mir.

☺

Urteilskraft, die das Richtige orten könnte, ist nicht zu lehren und
nur schwer zu vermitteln, weil das jeweils Passende immer wieder
selbst erlebt werden muss.

☺

Ordnung ist als ordo nicht zu haben. Sie entsteht ja immer nur in
dem Gehirn, das gerade nach ihr verlangt und hat dann bestenfalls
als Ordnung des Diskurses, der zugleich Machverhältnisse abbildet
und schafft, eine Chance, wirklich zu werden. Ordnung als Projektion einer gedanklichen Struktur findet nur dort äußere Entspre-
chung, wo sie diese sie selbst geschaffen hat.

In der Mehrheit der Fälle bezeichnet Ordnung nur unsere Form der
Erwartung von Kontinuität, die wir an das ungeordnete Chaos der
Erscheinungen haben. Als Wechselspiel von Erwartung, Erfüllung
und Versagung scheint sie zuweilen in Kunstwerken auf und mani-
festiert sich in einem Subjekt, ohne doch hierbei den Charakter des
Vorscheins gewähren zu können, selbst wenn viele sich in diesem
Schein sonnen.

Die Vorstellung einer nur aufzugreifenden, vorhandenen Ordnung
ist in sich widersprüchlich und von daher in der Ordnung unseres

Denkens und Sprechens nur dann zulässig, wenn ihre Ursache mit unseren eigenen Maßstäben irgend kommensurabel ist.

☺

Brauchen wir, was wir wollen oder wollen wir, was wir brauchen? – Fragen an die Evolutionstheorie.

Allen, die schon einmal ein vorgebacken – mikrowellenerhitztes Formfleischschnitzel auf dem Teller hatten in einer Umgebung, in der organisiertes Geräusch der an Musik nicht interessierten Tonträgerindustrie so leise aus der Wand plätschert wie das Bier und die grellsüßen Erfrischungsgetränke in die großen Gläser, sei gesagt, dass dies für die Mehrheit der Menschen auf diesem Planeten das Paradies bedeuten könnte..

☺

Auch so genannt natürliche Ordnung entstammt immer unserem sprachlich strukturierenden wie strukturierten Denken als der vermittelnden Mitte. Natur, gesetzt als Unmittelbarkeit, als das Unverfälschte, ist eine Illusion. Illusionen sind naturhaft geprägte Wunschvorstellungen vom Falschen.

☺

Das Wahre hat wohl schließlich auch immer mit dem Erfolg zu tun. Was stark ist im Bestehen, hat die Mehrheit der Stimmen für sich.

„Wahr sind nur die Gedanken, die sich selber nicht verstehen."

Gibt die Wahrheit ihren Anspruch auf unbedingte Allgemeingültigkeit auf, gibt sie zu guten Teilen sich selbst auf. Gibt sie diesen Anspruch aber nicht auf, gerät sie in die stete Gefahr, die aufzugeben, denen sie verpflichtet ist. Übermenschliche Wahrheit vernichtet Menschenleben.

☺

Selbst- und Fremdwahrnehmung sind zwei Seiten derselben Sache: mich selbst sehe ich immer auch zugleich mit den Augen anderer. Und manchmal gelingt mir die Empathie und ich kann andere sehen wie mich selbst- durch ihre Augen. Andererseits bleibe ich so mir selbst auch immer recht fremd.

☺

Scherz, Satire, Ironie: Der Scherz spielt mit dem Schrecken, lässt ihn ins Leere laufen. Das Spiel sperrt die unverfügbare Jemeinigkeit des Schicksals aus. Ironie als Lebensform rettet vor dem Fehler, weil sie ihn ständig reproduziert. Satire ist als mehrheitsfähige Erbitterung des Richtigen über den Weltlauf sogar wahrheitsfähig.

☺

Manchmal wollte ich wohl, ich schlösse die Augen, um sie, als aus einem bösen Traum erwachend, wieder zu eröffnen.

☺

Die Lebenslust eines jungen Hundes, Fuchses oder Bären zu sehen, ist unwiderstehlich. Aber auch dieser Charme hat seine Grenzen einerseits in der Niedlichkeit und andererseits im Verdikt über Ratten- oder Schlangenkinder.

„Nachts schlafen die Ratten doch.“

Die Wirklichkeit des Traumes: Wahres, Wirkliches und Richtiges verschmelzen in der Perspektive des Traumes. Das tränenglückliche Aufwachen verscheucht diese Einheit wieder.

> „Da war es kalt und finster, es schrieen die Raben vom Dach….Ihr lacht wohl über den Träumer, der Blumen im Winter sah… Nun sitz' ich hier alleine, und denke dem Traume nach."

☺

Die Frage nach dem Verhältnis des Richtigen und des Wahren ist Erbe der Frage nach der Wahrheit der Gewissheit seiner selbst. Aber die Aufhebung misslingt, die Mühle klappert nicht mehr am rauschenden Bach der Bewegung des Begriffs.

☺

> „… wenn Freiheit nicht anders als mit der gänzlichen Zufälligkeit der Handlungen zu retten ist, so ist sie überhaupt nicht zu retten."

☺

Wissen ist immer gebunden an Reproduzierbarkeit: Ich kann etwas wissen, das mir doch nicht verfügbar ist, also werde ich der Spur des Gewussten nach denken. Repräsentation eines Inhalts im Bewusstsein sichert nicht den Zugriff auf den Gegenstand – ebenso wenig, wie auf der anderen Seite die Repräsentanz des Gegenstandes im Bewusstsein zuverlässig zu sichern ist.

Wissen wäre so zu bestimmen als Projektion einer wie immer bestimmten Vergangenheit auf die Leinwand eines Subjekts (Platon lässt grüßen). Doch die wichtigsten Bestimmungen unseres Selbst sind uns nicht verfügbar.

Wird das Eigene für alle reproduziert, ist es manchmal Zeit für geschmackspolizeiliche Maßnahmen: Kitschverdacht!

Das Richtige kann auch unwahr sein, es bewegt mich, rührt zu Tränen, ist das Falsche. Aber trotzdem. Mein richtig Falsches.

☺

„Philosophie, wie sie nach allem allein zu verantworten wäre, dürfte nicht länger des Absoluten sich mächtig dünken[…] und doch vom emphatischen Begriff der Wahrheit nichts sich abmarkten lassen."

Den Traum sich nicht abkaufen lassen.

☺

Das Reich der Zwecke. Es könnte alles so wahr und zugleich richtig sein.

☺

Die einzige Wahrheit des Agnostikers ist, dass er nichts Gewisses vom Agnostizismus weiß. Zulassen kann er alles, nur nichts festhalten.

☺

Mit dem Herzen sehen zu wollen, ist Mumpitz: Der Überzeugungskraft des Augenscheins ist grundsätzlich nicht zu trauen.

☺

„Unmittelbare Erfahrungen aber, so verschieden und ungleichartig sie auch sein mögen, können sich logischerweise gar nicht widersprechen."

☺

Die wortlose Schlüssigkeit von Musik und die exakte Träne: Unmittelbarkeit der Erfahrung resultiert aus präzisester Organisation der

Klangmittel. Erwartungen werden bedient in einer Weise, in der diese selbst nicht in Erscheinung treten oder bewusst enttäuscht werden.

Doch auch Musik kann lügen. Denn sie kann sich immer nur im Rahmen einer gültigen Konvention bewegen und insofern Gültigkeit auch vortäuschen, ja sogar in täuschender Absicht die Wahrheit prätendieren.

„Nur Täuschung ist für mich Gewinn!" So insinuieren Schubert und Müller unter dem Mantel zumal musikalischer Harmlosigkeit den Abgrund der Verzweiflung. Täuschung katapultiert sich in eine Höhe jenseits der Möglichkeit von Wahrheit.

Kontingenz ist das Fremdwort für unbeherrschbare Zufälligkeit. Ungewissheit ist unvermeidbar beim Versuch, mit Kontingenz umzugehen. Das Eigene in aller Ungewissheit nach außen zu tragen, ist das Abenteuer. Das Abenteuer weicht auf zum Event im Versuch, sich zu perpetuieren.

Kontingenz also ist auch Tagesgeschäft: Grundsätzlich unvermeidbar, hemmt sie den alltäglichen Versuch, mit unserem Handeln unsere je eigenen Zwecke zu verwirklichen. Auch gemeinsame Zwecke werden dadurch nicht einfacher verwirklicht.

Mythologien erklären sich in Familienmetaphern. Wo man sich am besten kennt, sind auch die Geheimnisse am größten und deren Aufdeckung hat so viel Bedeutungsüberschuss.

Am Ende ist ein Prozess durchlaufen, der nicht mehr spekulativer Satz und in dem das Ganze nicht mehr das Wahre sein kann. Aber er hat doch zu mehr Erkenntnis geführt über das Richtige und das Wahre.

☺

Texte sind Vorschläge. Die mündliche Rede ist ein Versuch. Wahrheiten sind nicht zu fixieren.

Nichts ist so trügerisch wie der Augenschein. Keine Tomate ist rot. Der Begriff der Erfahrung lebt von der abstrahierenden Verallgemeinerung des jeweils in Augenschein Genommenen. Unverzichtbar als Grundlage alles Überlebens in einer lebensgefährlichen Welt, ist Erfahrungswissen allerdings nicht zu ersetzen durch Vermutungen oder wunschgespeistes Meinen. Wahrheit lässt sich eben nur im Rückgriff auf gemeinsam anerkanntes Erfahrungswissen herstellen. Zu Tomaten sagen wir „rot", zu Essig „sauer"  und zu Watte „weich".

☺

« Eh bien, continuons. »

☺

Identisches gibt es in der wirklichen Welt nicht, immer nur durch Abstraktion gewonnenes Gleiches. Identität ist ein Gedankenprojekt, nur zu haben in der Mathematik, der kein wirklicher Gegenstand entsprechen kann. Und in den Zeichen, die Information transportieren. Ein A ist immer ein A, und ein Bit ist ein Bit. Eine Rose ist keine Rose ist keine Rose, sie hat sich im Verlauf des Satzes selbst schon gewandelt. Die Identität von Identität und Nichtidentität, die die Idealisten beschworen haben, findet sich schließlich im

Datensatz, der an zwei Orten zu zwei Zeiten zugleich derselbe sein kann und eben doch ein zweiter.

Wir hätten dann auch noch die Wahrhaftigkeit im Angebot, das Bestehen auf der (natürlich selbst- und mehrheitsfähigen) Wahrheit als der einzigen Verpflichtung auch für jeden Einzelfall. Und von daher auch immer wieder nach sich selber sieht. Schließlich hat ja auch die Wahrhaftigkeit nur den Rückhalt durch alle anderen Wahrheitsfähigen zum Ziel, das Gefühl, endlich in Sicherheit zu sein. Endlich das Richtige, das lang gesuchte. Sind Wahrhaftigkeit und Ehrlichkeit, die bürgerlichen Kardinaltugenden, am Ende nichts anderes als Zuverlässigkeit im sozialen Kontext, als die Zusicherung, dass das Gewesene ohne Gefahr weiter betrieben werden kann? Der Versuch, Gerechtigkeit zu institutionalisieren als zugleich dem Anspruch auf Wahrheit wie dem auf das Richtige verpflichtet, muss unter diesem Aspekt scheitern. Trotzdem muss auch er immer wieder unternommen werden.

Kleists *Kohlhaas* ist das kaum zu übertreffende Beispiel dafür, wie das Richtige sich mit dem Wahren nicht vertragen mag. Der Eigensinn, der sich zum Prinzip erhebt, als Grundlage des Unrichtigen (ähnlich dann bei Schelling in der Freiheitsschrift). Im Gegenzug ist der Eigensinn primum movens der Geschichte. Die Frage nach der Möglichkeit von Gerechtigkeit bleibt unbeantwortet. Platons Politeia ist in jeder Hinsicht gescheitert. *Thrasymachos* hatte wohl zumeist das Recht auf seiner Seite.

Das Richtige und das Wahre sind immer auch Kategorien des Miteinanders. Anerkennung ist – im Nachgang zu Hegel – ein Prozess der Auseinandersetzung mit dem Ziel der Stabilisierung der Innen- und Außenverhältnisse. Diese Anerkennung zu suchen und verweigert zu finden, schickt uns in uns zurück und lässt uns dort schutzlos. Sie zu bekommen, schafft das Kontinuum, das Überschaubarkeit ermöglicht. Die Verweigerung trifft im Innersten, eben weil es nicht bei sich bleiben mag. Schon ein einziges Außeruns, das wir als durch Anerkennung uns verbunden wissen, löst ein wenig von der Vereinzelung des Richtigen und hebt es auf in die Sphäre des möglicherweise Wahren.

Aufrichtigkeit, verstanden als der Versuch, nur mit sich selbst einverstanden zu sein, ist „bullshit". Denn sie bedeutet den Verzicht auf Mehrheits- und damit Wahrheitsfähigkeit und damit auf genau die Rückkehr zu und Übereinstimmung mit sich selbst, die nur über das das Verlassen des Eigenen denkbar ist.

Einer der schwierigsten Begriffe im Zusammenhang von Lüge und Wahrheit ist der des Verrats. Geheimnisse zu verraten ist einfach, das einem bestimmten Kreis von Eingeweihten Bekannte Außenstehenden kenntlich zu machen, ist trivial.

Eine Sache, eine Idee, gar einem Menschen zu „verraten", heißt wohl, sie in einem andern als dem vorgegebenen Sinne als Wahrheit vorzustellen. Welches Unbekannte wird dabei kenntlich gemacht? Wird vielleicht etwas der Kenntlichkeit preisgegeben, was besser verborgen bliebe? Das Eigene taucht hier in der doppelten Form des Richtigen wie des Wahren auf – aber jeweils in beiden möglichen, also entgegengesetzten Bedeutungen: einzeln Richtiges versteht sich selbst zugleich als Garant des Wahren und ahndet den

Verrat insofern, als dieser das jeweils eigen Richtige zum Wahren insofern zu hypostasieren trachtet, als dieses das wahrere, weil dem Eigenen nähere sein soll.

☺

„er [der menschliche Wille] braucht ein Ziel - und eher will er noch das Nichts wollen als nicht wollen."

„Und, um es noch zum Schluß zu sagen, was ich anfangs sagte: lieber will noch der Mensch das Nichts wollen, als nicht wollen ..."

☺

Dass das Leben kein Leidenszusammenhang sein soll, ist sicher. Dass es oft einer ist, auch. Dass es manchmal, für einige und für kurze Zeit auch keiner ist, bezeichnet für uns alle das einzig Richtige.

Der Beweis für die Möglichkeit des
zugleich Richtigen und Wahren
kann auch eine Berührung sein. Sie betrifft
dann zumindest zwei.

☺

Schwierigkeiten gibt es immer wieder dann, wenn man müde wird. Das Fragen hat kein Ende.

☺

„Die liebe Erde, allüberall,
Blüht auf im Lenz
Und grünt aufs neu
Und ewig blauen licht die Fernen
Ewig, Ewig."

Schlechte Verse. Aber mit Mahlers heilloser Hellsichtigkeit verabschieden sich mehrere Jahrhunderte hypertrophierender Subjektivität ohne, dass eine Alternative sichtbar würde: Musik als Ausdruck innerster Subjektivität endet in der puren Objektivität: die geordnete Folge von Klängen in der Zeit endet in Akkorden, die potentiell endlos sind.

Die Erde braucht keine Menschen.

Alles Bemühen, mich selbst in den Weltzusammenhang eingebunden zu wissen durch eine Hereinnahme der Welt in mein konstruierendes Bewusstsein, prallt ab an der Uninteressiertheit des Universums, auch am Tod.

☺

Dilettanten und Amateure sind Liebhaber, denen nicht die Profession, das berufene Bekenntnis, den Zugang zu den Dingen regelt.

☺

Bedeutung könnte heißen, dass ein Gegenstand des Bewusstseins auf einen Anderen als das zu seinem Verständnis Unerlässliche verweist. Bedeutung, wenn sie denn verstanden wird, verschafft so Erklärung, Einsicht.

Bedeutungsüberschuss ist dann gekennzeichnet durch die Tatsache, dass mehr Erklärung zu kommen scheint, als verständlich. Letztlich bleibt der bezeichnete Sachverhalt fremd. Naturerfahrung scheint manchmal das Richtige zu geben: keinen Bedeutungsüberschuss.

Kunst-, zumal Musikerfahrung lehrt dagegen wieder die Unverzichtbarkeit dieses Überschusses und kann so zugleich das Wahre wie das Richtige suggerieren, lässt Fremdheit vergessen.

☺

Stufungen zwischen den Ansprüchen auf das jeweils Richtige regeln unser Leben. Es gibt hier zumeist nur den Rückgriff auf das jeweils tiefer gelegene Niveau der Allgemeinheit. Oben endet die Pyramide mit einem Stein, unten steht sie auf der grundlosen Erde.

☺

„Was für eine Philosophie man wähle, hängt sonach davon ab, was man für ein Mensch ist: denn ein philosophisches System ist nicht ein todter Hausrath, den man ablegen oder annehmen könnte, wie es uns beliebte, sondern es ist beseelt durch die Seele des Menschen, der es hat."

☺

Manche Gedanken, zumal wenn sie öffentlich geäußert werden, verursachen in empfindlichen Köpfen intellektuelles Sodbrennen …

☺

BÄCKERMEISTER BULLERJAHN IST FÜR ZWEI WOCHEN ZU SEINER SCHWIEGERMUTTER NACH SCHWARTENKRACHDORF GEFAHREN.

PRUNELLA PUSTEKUCHEN IST NUR EINE GEMEINE ERFINDUNG - SELBST KAROLA KLAGESAM BEKOMMT EIN TELEGRAMM UND ERFÄHRT, DASS SIE GELIEBT WIRD VON DEM IHR UNBEKANNTEN ADOLAR.

☺

Das Beste wäre, gewiss zu wissen, dass wir noch nicht wissen.

Wir hätten dann alles, was notwendig ist: Gewissheit und die Möglichkeit von Zukunft. Ein Konzept, dass die Neuzeit des Abendlandes möglich machte und sich dann doch wieder – in der Verfestigung des im je gewonnenen Wissen Erreichten – durch das Ergebnis selbst desavouiert hat.

Die richtigen Fragen, bescheiden geworden, sind nur noch die nach dem Wie.

Die Fragen nach Warum, Weshalb, Wozu sind zu groß für mich. Aber wir brauchen sie.

Herakleitos, zuweilen der Dunkle genannt, soll ja gesagt haben, alles flösse …